好书精读
Master
15′

商业新闻出版公司和轻松读文化事业有限公司提供内容支持

美国的创意大佬们

轻松读大师项目部　编

中国盲文出版社

图书在版编目（CIP）数据

美国的创意大佬们：大字版/轻松读大师项目部编．—北京：中国盲文出版社，2017.10

ISBN 978－7－5002－7870－2

Ⅰ．①美…　Ⅱ．①轻…　Ⅲ．①企业家—生平事迹—美国　Ⅳ．①K837.125.38

中国版本图书馆CIP数据核字（2017）第091385号

本书由轻松读文化事业有限公司授权出版

美国的创意大佬们

编　　者：轻松读大师项目部
出版发行：中国盲文出版社
社　　址：北京市西城区太平街甲6号
邮政编码：100050
印　　刷：北京新华印刷有限公司
经　　销：新华书店
开　　本：787×1092　1/16
字　　数：79千字
印　　张：13
版　　次：2017年10月第1版　2017年10月第1次印刷
书　　号：ISBN 978－7－5002－7870－2/K·563
定　　价：44.00元
销售热线：（010）83190289　83190292　83190297

出版前言

数字文明为我们求知问道、拓展格局带来空前便利，同时也使我们深受信息过剩、知识爆炸的困扰。面对海量信息，闭目塞听、望洋兴叹固非良策，不分主次、照单全收更无可能。时代快速变化，竞争不断升级，要想克服本领恐慌，防止无知而盲、少知而迷，需尽可能将主流社会的最新智力成果内化于心、外化于行，如此才能更好地顺应时代，提高成功概率。为使读者精准快速地把握分散在万千书卷中的新理念、新策略、新创意、新方法，我们组织编写了这套《好书精读丛书》。

这套书旨在帮助读者提高阅读质量和效率。我们依托海内外相关知识服务机构十多年的持续积累，博观约取，从经济管理、创业创新、投资理财、营销创意、人际沟通、名企分析等方面选取数百种与时俱进又经世致用的好书分类整合，凝练出版。它们或传播现代经管新知，或讲授实用营销技巧，或聚焦创新创业，或分析成功者要素组合，真知云集，灼见荟萃。期待这些凝聚着当代经济社会管理创新创意亮点的好书，能为提升您的学识见解和能力建设提供优质有效便捷的阅读资源。

聚焦对最新知识的深度加工和闪光点提炼是这套书的突出特点。每本书集中解读4种主题相关的代表性好书，以“要点整理”“5分钟摘要”“主题看板”“关键词解读”“轻松读大师”等栏目精炼呈现各书核心观点，崇真尚实，化繁为简，您可利用各种碎片化时间在赏心悦目中取其精髓。常读常新，明辨笃行，您一定会悟得更深更透，做得更好更快。

好书不厌百回读，熟读深思子自知。作为精准知识服务的一次尝试，我们期待能帮您开启高效率的阅读。让我们一起成长和超越！

目 录

埃德·卡特穆尔从小就梦想成为迪士尼的动画师。在电脑绘图技术刚刚起步时，获得该专业博士学位的卡特穆尔即带着电脑技术投身艺术领域，数年后引发了电影动画界的巨大震动，他也因在数字影像合成方面的卓越贡献而多次获得奥斯卡奖项。作为皮克斯动画工作室共同创办人之一，埃德·卡特穆尔的理想不仅是建立一家成功的公司，而是一个可以永续成长的创意文化产业。

复印机是人们保存与分享信息的非凡工具。1960年，施乐公司用电子印刷技术制造了复印机。切斯特·卡尔森是电子印刷技术的发明人。电子印刷在以往的科学研究中几乎没有基础，卡尔森结合了许多奇特且独立的研究成果，发明了惊人的技术——复印，这是印刷技术出现后最重大的影像革新。复印机的发明在人类文明进程中具有重要的作用。

李·亚科卡是美国汽车发展史上的杰出人物。在福特公司的32年里，亚科卡从实习生到总裁，以满腔热情为福特公司贡献了青春和智慧。在他的领导下，福特公司在竞争激烈的市场中大获全胜。

1978年，亚科卡转战当时已经坠入谷底的克莱斯勒公司。经过亚科卡的不懈努力，短短6年，克莱斯勒公司就从破产边缘起死回生。这段让人津津乐道的奋斗史，也写下了亚科卡生命中最辉煌的一页。人生的大起大落，打造了亚科卡永不放弃的坚强个性。

多次获得奥斯卡奖项之后，皮克斯公司从影视动画界的丑小鸭变成了耀眼的白天鹅。皮克斯公司的成功不仅是亮眼的票房收入、精彩的故事脚本、逼真的动画场景和打动人心的角色刻画，更是他们对技术与艺术的执着，而且这种执着饱含着不断的自我挑战。皮克斯公司的成长、蜕变过程所展示的不仅是电脑绘图技术在影视动画领域的成功，更是艺术、科技与奋力经营三者互相结合的结果。

创意电力公司

Creativity，Inc. Overcoming the Unseen Forces That Stand in the Way of True Inspiration

原著作者简介

埃德·卡特穆尔（Ed Catmull），毕业于犹他大学。他是皮克斯公司共同创办人之一。2006年迪士尼收购皮克斯以来，埃德·卡特穆尔一直担任皮克斯动画和迪士尼动画总裁。截至2014年，他已多次获得奥斯卡奖项。

埃米·瓦利斯（Amy Wallace），记者。他的作品刊登在《连线》《纽约人》及《纽约时报杂志》等媒体。他曾任职《洛杉矶时报》，目前在《洛杉矶杂志》担任特约编辑。

本文编译：黄玩

主要内容

主题看板

如何打造创意文化

1. 创意文化怎么管

埃德·卡特穆尔的故事，全面阐述了皮克斯公司的核心理念，教你如何打造创意文化。

1995 年 11 月，《玩具总动员》在美国首映。作为全世界第一部完全由电脑制作的动画长片，它不仅刷新了感恩节票房纪录，也实现了埃德·卡特穆尔在大学时代的梦想。

这是上百人经过 5 年不懈努力得到的成果，全球 3.58 亿美元的票房数字固然亮眼，但真正让卡特穆尔感到骄傲的是，它体现了卓越的艺术与技术以及坚强的韧性和耐力。同时皮克斯公司也随即公开上市，募得资金成为独立制片公司，并且开始制作另外两部动画长片——《虫虫危机》和《玩具总动员 2 》。每件事都进展顺利，卡特穆尔在兴奋之余却隐隐觉得不安。

2. 成功之后我们也会做蠢事吗

卡特穆尔从小就梦想成为迪士尼动画师，却不知如何开始。当时电脑绘图技术才刚起步，卡特穆尔很自然地用它作为追求梦想的工具。从此埋下了他在科技与电影、硅谷与好莱坞之间的因缘。

1977 年，《星际大战》导演乔治·卢卡斯雇用卡特穆尔，让他成立并管理卢卡斯影业电脑部，希望将电脑技术带进电影行业。有趣的是，卢卡斯并没有将部门设在洛杉矶，而是设在距离硅谷只有 1 小时车程的一个小镇上，卡特穆尔因此可以就近观察许多新兴的软硬件公司以及创投公司。

卡特穆尔发现许多成功的企业家因为做了某件蠢事，最终导致公司垮掉，他很想知道是什么原因让聪明绝顶的人作出使公司偏离轨道的决策。皮克斯公司用了很多年，努力找寻自己的路，一开始是销售硬件，然后是软件，接着是动画短片和广告。卡特穆尔不禁自问：如今皮克斯成功了，我们也会做蠢事吗？

3. 飞向浩瀚无垠的宇宙

卡特穆尔花了1年时间才找到答案。他发现这些公司似乎都专注于竞争，从来没有对其他可能毁灭公司的力量进行反思。保护皮克斯免于遭受同样的命运是卡特穆尔新的人生目标，他从解决技术问题转移到思考管理哲学，真正地担负起领导的使命。

卡特穆尔的理想不仅是建立一家成功的公司，而是一个可以永续成长的创意文化产业。优秀的领导者对于在艺术和商业之间挣扎求生的公司尤其重要。卡特穆尔也相信优秀的领导者可以帮助富有创意的员工表现得更为卓越。

事实证明，在《玩具总动员》之后，皮克斯公司不但没有垮掉，还创造了更多的成就，飞向了浩瀚无垠的宇宙！

一　保持品质就是最佳的运营计划

品质从来都不是遵守某些既定原则就可以得到的结果。相反，保持良好品质是你尝试做某件事情之前必须具备的心态。你必须对你做的事付出全部心力，才能得到真正世界级的品质。

1969 年埃德·卡特穆尔从犹他大学毕业时，他的职业目标是使用电脑绘图，而不是通过找演员拍摄真人实景的方式做出一部剧情片长度的电影。创办纽约理工学院的艾力克斯·舒尔雇用他就是要做电脑绘图这件事，但是由于当时电脑技术还处在萌芽期，很多理想无法实现。纽约理工学院虽然有充足的资金和设备，但没有任何会讲故事的人或制片人，因此卡特穆尔的职业理想一直没有任何真正的进展。

1977 年 5 月，当乔治·卢卡斯发行《星际大战》并大获成功时，他决定要为新公司——卢卡斯影业设立一个电脑部门。1977 年 7 月，卢卡斯雇用埃德·卡特穆尔领导这个新部门。过了几年，卡特穆尔雇用了刚刚离开迪士尼的动画师约翰·拉塞特。当时才 26 岁的拉塞特是一个真正会讲故事的人，他带来了创意火花。

1983 年，乔治·卢卡斯决定卖掉卢卡斯影业电脑部——尽管那时候该部门已经开发出名为“皮克斯影像电脑”的影像处理器，并且已经开始销售。卢卡斯影业公司为了顺利卖出电脑部，将其包装成一个新公司，要价 1500 万美元，并要求买家必须再投入 1500 万美元的运营资本，这样才能把“皮克斯影像电脑”商业化。

大约一年之后，史蒂夫·乔布斯表达了购买意愿，这让卡特穆尔和拉塞特感到忧虑。因为与苹果电脑首席执行官约翰·斯卡利闹翻以及广为人知的反复无常，乔布斯有着难以共事的恶名。然而尽管他们心存疑虑，却没有其他人对购买卢卡斯影业电脑部表示太多兴趣。经过艰难的谈判，乔布斯以500万美元现金买下卢卡斯影业电脑部，在此基础上成立了新公司——皮克斯公司，并承诺在1986年2月注入另外500万美元运营资金。

皮克斯公司大约花了3年时间试图成为一家电脑硬件公司，但却彻底失败了。皮克斯处理器拥有很好的技术，但是它的价格太高而市场却太小。作为副业，皮克斯同时也制作动画短片，而这个副业逐渐开始吸引了人们的注意。

当时皮克斯公司仍旧处于亏损状态。乔布斯为了维持公司生存，又投资了5400万美元，而不是原本签订的500万美元。皮克斯领导者逐渐明白，如果还想有一线生机，就必须放弃销售硬件转而专注于电脑动画。皮克斯在1991年削减了1/3的员工，然后搬到伯克莱北部仓储区的一间水泥房子内。

乔布斯也渐渐被皮克斯公司持续烧钱的“能

力”惊醒，他尝试了 3 次想把公司卖掉。其中一次，微软出价 9000 万美元，但乔布斯坚持要 1.2 亿美元，最后微软放弃了这笔交易。1991 年，皮克斯与迪士尼达成了一项发行协议，这个协议成为皮克斯公司扭转局面的关键点。

早期，皮克斯公司就曾把一些动画技术卖给迪士尼，《小美人鱼》《美女与野兽》《阿拉丁》和《狮子王》等影片运用了这些技术并获得了非常大的成功。迪士尼那时正在寻找新伙伴，便和皮克斯公司签署了一份合约。迪士尼将为皮克斯公司提供资金开发 3 部电影，并取得独家发行权及销售权。推动这项交易的是约翰·拉塞特，他当时被迪士尼视为重要的创作天才。

对于《玩具总动员》这部电影，拉塞特早已有了一个想法。这部电影的主角们是一堆玩具，它们的主人是个喜爱它们的小男孩（安迪）。影片以玩具的视角阐述，故事张力则来自一件新玩具，新玩具对原本获得安迪偏爱的牛仔玩具胡迪形成了挑战。拉塞特向迪士尼公司提出了这个构想，迪士尼在 1993 年 1 月认可了这项计划。

在《玩具总动员》接近完成的时候，乔布斯提议皮克斯公司应该进行股票首次公开发行上市，以取得未来制作影片的资金。卡特穆尔和拉塞特认为最好是等皮克斯公司取得更多成绩再公开发行股票，不过乔布斯却很坚持。因此皮克斯在《玩具总动员》上映后的一个星期上市，并募得 1.4 亿美元的资金。与此同时，《玩具总动员》也打破了票房纪录。等到迪士尼首席执行官麦可·艾斯纳察觉到他替自己的公司创造出一个可相互较量的竞争对手时，皮克斯公司已经拥有满手现金而且准备好了与其对话。乔布斯和艾斯纳重新协商该笔交易，让皮克斯公司得以分享一半的利润。

当迪士尼经营层建议《玩具总动员 2》直接以录影带首映形式上市而不采用电影院发行方式时，皮克斯拒绝了。这种方式代表标准的降低，违背皮克斯坚持的立场。迪士尼最后不得不就此做出让步，皮克斯便紧锣密鼓地制作《玩具总动员 2》和《虫虫危机》。这些影片的票房都非常好，这也验证了皮克斯公司对品质的重视。

关键思维

《玩具总动员》的成功展现了两个明确的创意理念。第一个理念是“故事为王”，即不容许任何事物——不管是科技还是商业，妨碍人们创作精彩的故事。另一个理念是“信任整个过程”，皮克斯会为艺术家提供操作的空间，赋予导演控制权并信任员工会解决问题。

——埃德·卡特穆尔

二　尝试突破极限

当你开始做某件大事时，肯定会遇到一些困难，甚至失败。如果你可以抛开对恐惧和失败的忧虑，并允许员工在工作的时候有失误，将会帮助你获得成功。人们在努力发挥创意时，修正错误的代价往往比一开始就想避免它们的代价低。

《玩具总动员》发行之后，皮克斯公司就主宰了电影业。到了2013年年底，皮克斯连续制作了14部票房第一的影片，获得了30个金像奖，更重要的是在全世界得到了超过83亿美元的票房收入。

有了这样的成功，似乎可以轻易假设皮克斯公司已经牢牢掌握创意过程并且绝对不会犯错。然而，真实的创意过程总是比想象或者希望的更复杂、更混乱。每一项计划在早期都不可避免地会出现错误或失误。

皮克斯公司所有的影片都会经历漫长的演变。绝大多数皮克斯电影的第一份草案都很差，用他们自己的话来说就是“根本烂透了”。接着他们会提出下一个“没有那么烂”的草案。经过多次修改后，他们才能得到还不错的成果，并继续修改直到获得令人满意的结果。这就是尝试失败、推到极限、获得成功所必须经历的过程。

以《怪兽电力公司》为例，一开始的故事创意是一位 30 岁的失业会计师能看到其他人都看不到的怪物。这些怪物最初的设计定位是他在儿时一直无法处理的恐惧。这个故事的第一份草案一点都不吸引人，而且根本行不通。

主创人员多次反复修改、设置多个不同的主角及故事情节。他们试着透过一个 6 岁小女孩的眼光叙述这个故事，接着是一个男孩，然后又回到那个女孩。毛怪苏利的单眼好友麦克的角色本来也没有，是在拟出第一份草案多年之后才加进来的。他们试了一大堆不同的点子，但都走进了死胡同。最后，经过多年无数次修改，这个故事才找到了真正的方向并获得成功。

反复尝试错误的方法在科学界比商业界应用得更为普遍。一般认为，当科学家有一个问题，他们会形成一个假设，然后通过实验来验证。实验被当做找出事实的方法，不是验证某个假设成立，就是完全予以否定。任何结果都同样有价值，因为它们都产生了新的信息。商业界通常较少采用这种方式，而比较喜欢在一种“避免失败”的基础上运作。但“避免失败”确实不是发挥创意的适当方式。

不可否认的是，在某些行业中零失误率是绝对必要的，例如航空业。但是如果因为尝试某个新事物时成效不佳而惩罚员工，创意就会被扼杀。要成为一家真正有创意的公司，就必须不断尝试开展一些最后可能一事无成的工作或者项目。

虽然你必须做好接受失败以便获得创意成功的准备，但在某些时候你确实也必须划清失败是否有意义的界线。如果这些失败不会带来任何好处，那么你可能必须放弃这种努力。知道何时该介入以及何时该放弃是困难但重要的任务。皮克斯公司通常不会换掉走入死胡同的导演，除非他失去所属团队成员的信任。如果团队成员感到困惑，就必须停下来辨别方向、做出取舍。

错误是尝试新事物时很难避免的经历或结果（因此应该被认为是有价值的，没有它们就不会有任何原创性）。失败是痛苦的，而人们对这种痛苦的感受很容易消解对它价值的认可。为了从失败的痛苦中解脱出来，人们对错误的好处与坏处都必须有正确的认识。员工是聪明的，这正是你雇用他们的原因。别试着预防一切错误，我们应该假设，员工的意图都是善良的，而且他们都想要解决问题。

关键思维

管理阶层的工作不是预防风险，而是建立恢复的能力。

——埃德·卡特穆尔

创意或者构思故事的过程就是一种探索。不过在你尝试各种不同路径的时候，总会有一个指导原则在引导你。在《怪兽电力公司》中，我们所有不同的情节都有一个共同情感——也就是你在每次解决问题时感受到的苦乐参半的离别。你在解决它的过程中饱受痛苦，但是到了最后你会对它产生一种喜爱，并且会在失去时怀念它。我知道我想要表达这一点，并且在影片中完美地表达了这一点。

——皮特·达克特

三　好员工比好构想更重要

在雇用员工时，更应看重潜能而不是现有的技能水准。为什么呢？如果你把一份绝佳的构想拿给一支平庸的团队，他们通常会越做越差。如果你把一份平庸的构想拿给一支绝佳的团队，他们会加以修补或是越做越好。事实证明，员工极为重要。

要将创意构想具体化，你必须了解真正涉及其中的因素，并且必须具有和其他人共同合作的能力。你真正需要的是坦诚，而不仅是诚实。

皮克斯公司用来注入坦诚的主要机制就是它的智囊团。智囊团的目标是推动该公司迈向卓越，并根除任何悄悄潜入实施过程中的平庸之处。

皮克斯公司开发电影的程序如下，依原始剧

本制作故事（草案）版；加上暂时性的声音和音乐一起进行编辑，然后创造出影片的最初实体样品，即示范片；智囊团观看这个版本，然后公开地讨论哪里好、哪里不好以及哪里可以再加以改善；导演再去制作影片的下一个版本。这个步骤通常需要 3～6 个月的时间。在确定最终版本前放弃 9 到 10 个不同的版本，对皮克斯公司而言并不罕见。

一般而言，在经过一段时间之后，那些接连好几个月从事创意项目的人会失去他们的客观性。他们看不出局外人觉得明显的问题。智囊团会议会以温和友好的方式，提供修正的建议。

培养并支持好员工，他们就会反过来发掘并拥有好的构想。

智囊团成员大约每几个月评估一次正在制作中的电影。即把一些聪明又有热情的人聚集在一起，赋予他们辨认及解决问题的责任，并鼓励他们彼此坦诚交流。智囊团是皮克斯公司最重要的传统之一，它为皮克斯公司所做的一切定调。

智囊团并不是组织里从上而下的控制机制，它是一种用来标记问题、把问题带到台面上并加以确认的机制。先让智囊团发挥作用，接下来就由项目经理厘清如何往前迈进。

每几个月召集一群人，讨论哪些有用哪些没用，无法自动消除公司的弊病。举行定期的智囊团会议是一种可行的方法，能够让一家创意公司得到激励并且以正确的方式向前迈进。事实证明，它对皮克斯公司是有效的。

皮克斯公司并不希望智囊团为导演解决问题，因为智囊团的解决方案很有可能无法和导演及其团队想出的方案一样好。皮克斯公司相信构想——只有在它们被挑战、被质疑，并被反复修改后才会成为经典。学术界的同行审查是指专业人员接受同领域人士评价的过程。智囊团是皮克斯公司版本的同行审查，一个确保公司努力进行改善的研讨会——不是靠规范而是通过坦诚和深度分析来达成共识。

关键思维

不论哪一个领域，每一位创意人员都可以说服周围兼具智慧和善意的人加入创作团队。

——埃德·卡特穆尔

建立自己的团队所需要的条件，包括你选择的人必须能让你更聪明地思考以及在短期内能拿出问题的解决方案。不必在乎他是谁，是门卫或实习生，还是你最信任的左右手并不重要。如果他们能够协助你解决问题，他们就应该留在你的团队。

——安卓·史坦顿

团队是实现创意目标的先决条件。招聘优秀人才组建团队很容易，但是这些优秀人才彼此互动的方式才是能否获得成功的关键。找到适当的员工和适当的互动方式比得到适当的构想更重要。

——埃德·卡特穆尔

员工在走廊比在办公室里坦诚的公司是没有好前景的，办公室才是尽情讨论根本构想或政策议题的地方。每一个优秀的团队都需要能在工作中真诚交流的员工。

——埃德·卡特穆尔

四　不可预测正是创意产生的基础

如果在抱怨中浪费时间，只会更加落后。给予员工承担问题的责任，也要给予他们无需征求许可就可以自行解决问题的权限。

皮克斯公司完成的每一部电影，在发行之前都经过了相当多的程序和反复修改。当人们尝试进行一些创意构思时，一定会面对不断的改变，甚至是失败。外界对制作完成前的混乱会感到惊讶，但对皮克斯公司来说这只是一种常态。

每一种创意构思的实现都需要巨大的人力、物力支持。因此管理者自然会设法把成本降到最低并尽力管控。但是过紧的控制，可能会阻碍创意经理人实现其目标。只有愿意改变的组织才能产生并实现真正有创意的构想。

创意过程蕴含着随机的偶发状况。人类大脑确实不会认为偶发状况是正面的事物，所以我们都会寻找模式和关联，即便它们并不存在。当我们观察一家成功的公司时，自然会假设它们的成就是由聪明的领导者作出精明的决策而产生的，然而事实上，主要原因很可能是偶发状况和纯粹的运气。

不论我们是否喜欢，改变一定会发生。有些人认为偶发、无法预见的事是令人害怕的。偶发事件不仅仅是不可避免的，它还是人生中难得的机遇。要承认并感谢它帮助我们在受惊吓时能够产生有建设性的回应。恐惧让人们本能地寻求确定性和稳定性，但无法保证人们找到安全感。因此，我们不必再畏惧偶发事件，相反可以选择观察它到底是什么，并且让它为我们所用。因为不可预测正是创意产生的基础。

《玩具总动员 2》制作后期发生的事，可以说明这个情况。1998 年冬天，一个员工不慎在皮克斯电脑系统输入一个指令，结果把整部电影从电脑上删除了。几乎和该部影片有关的所有档案在几秒钟内就从皮克斯的电脑里永久消失了。

一开始大家都以为这些资料可以通过每天晚上制作的备份档案恢复。不幸的是备份系统功能并不正常。当大家知道重新创作《玩具总动员 2》至少要花 30 个人一整年或更多的时间才能完成时，一种恐慌情绪就开始在公司蔓延了。

在项目经理开会磋商如何处理这个意外事件时，影片技术指导总监格茵·苏思曼突然想到了解决办法。此前她休了 6 个月的产假，为了在家里工作，她建立了一套系统，每周都会把整部影片的资料档案自动复制到她的家用电脑，这时她才想到回来上班后并没有把它删掉。她匆忙跑回家拿来电脑，虚惊一场之后，影片档案重返皮克斯公司的主机系统。

这对处于成长期的公司可能是一场大灾难，但却没有人试图找出是谁发出了清除电脑档案的指令。他们设置了新的安全措施，也修复了备份系统，但是没有找出谁该为这个问题负责并加以处罚。

如果允许员工不需要许可就可以解决问题，员工就会产生更大的动力来处理更重大的问题。当员工遇到偶发事件时就不会过度惊慌。

人类的潜能是难以预测的。每个公司都说它想雇用杰出的人才，但是在招聘时，很难辨别一个人是否足够优秀，最好的方法通常是设置一种相对宽松的用人机制，让你可以尽己所能辨别有潜力的人选，再培育这些人才并为他们提供发挥潜能的机会，有些你期待有好表现的人可能会失败，你不抱多少期望的人反而会有杰出的表现。

关键思维

或许有人会质疑这种做法，他们认为虽然创造一个信任的环境很重要，但是不用负责会危及公司的长远发展。我个人更赞同这种“信任”做法，因为我们的员工并无恶意。事实证明，通过杀鸡儆猴来控制或预防偶发问题是天真又顽固的想法。更重要的是，如果公司想拥有优秀的创意，那么就必须有宽容失误的机制。当然要采取必要的措施，以避免未来再发生类似问题。

——埃德·卡特穆尔

有一些最棒的构想是在玩笑间产生的，这种结果只有你的老板允许你这样做的时候才能出现。有些人把创意描述为“不相干的概念或想法之间意外的联系”。如果这种说法是正确的，就一定要有产生那种联系的心态。所以当我感觉到毫无头绪时，就会停止做这件事。当心情或思绪转变之后，再去解决这个问题。

——皮特·达克特

五　设立真正的目标

让每项工作的程序更快、更简单且更经济是每一个员工努力的目标，但它不是一个优秀员工的真正目标。

在每一家具有高度创意的公司，都会有必须喂养的“怪兽”和必须养育及保护的“难看婴儿”。

1. 怪兽

20 世纪 80 年代晚期和 90 年代早期的一连串卖座电影——《小美人鱼》《美女与野兽》《阿拉丁》和《狮子王》给迪士尼公司带来了巨大的利润，也带来了大量的员工，大量增加的员工需要迪士尼投入更多的资金。这种状况让公司高层觉得卖座电影是必须继续喂养的“怪兽”。

2. 难看的婴儿

真正的原创性思维在早期成形阶段往往异常脆弱。所有的新电影在刚开始时都不是它最后故事的迷你版，更像“难看的婴儿”——笨拙的故事、不成形的情节、未完成的角色塑造，并且欠缺各种感情元素。在这些“难看的婴儿”成为值得发行的产品前，还需要滋养和雕琢。一部成功的电影需要许多年和无数次的修改。

创意组织要努力平衡的是如何在喂养“怪兽”的同时，保护那些还未长大成熟的“难看的婴儿”。

一个原创构想的定义或许笨拙、或许贫乏，但是它同时也与根深蒂固的思维对立，而这也正是它最令人兴奋之处。如果在它处于最脆弱的状态时，把它暴露给无法看出其潜能或没有耐心让它完善的反对人士，它可能就会被毁掉。为了让有价值的创意获得成功，公司有一部分工作就是保护新的构想不被扼杀。因为即使是最好的创意，也总是会有不那么卓越的阶段。

皮克斯公司的杰出做法来自设法让“怪兽”和“难看的婴儿”和平共处。在这两者之间取得适当平衡是一项持续的挑战，它会一直处于阴郁的灰色地带，而不会是真正的黑白分明。

有趣的是，与制作电影相关的一切都是一种平衡的行为。有各种人牵涉在内，每个人都有自己的目标，而且会和其他人产生冲突。比如，作家和导演想要述说他们能力所及的最好且最吸引人的故事，而不会考虑影片长度会变得比实际需要长许多。制作设计师希望影片能让人惊艳，而不会考虑需要多少成本。技术指导想要一些令人吃惊且完美的特殊效果，好让观众眼花缭乱。财务希望影片按照预算准时完成。销售人员希望影片具有可以用来向潜在观众销售的卖点。消费者产品企划人员希望有吸引人的角色，并可以变成玩具或是午餐盒上的贴纸。

管理阶层的角色是把每一个人聚集到桌子

旁，就通常会彼此竞争的目标和需求取得可行的平衡点。在一种健康的企业文化下，部门间的取舍角逐是良性而且令人满意的。

为了鼓励和保护“难看的婴儿”，皮克斯公司会刻意指定构想保护人，这个人了解如何采用新构想，并且知道把它开发完成会涉及哪些事项。但新构想并不能受到永远保护，只能保护到某种程度，该构想必须产生足够的动能，靠自己的力量站起来并取得自己的生命，否则就会消失得无影无踪。决定何时要持续发展一个构想以及何时要让它靠自己的优点站起来，一直都是困难但必要的决定。

3. 某件大事

另一个要记住的重点是你公司的目标，是完成某件大事，而不是让你的流程更好、更简单或更经济。

一些公司会反复出现这种现象，一个颠覆性的意外情况发生，它会用精简流程或增加产量取代终极目标，而每个人或团队都以为自己做的是正确的事，但是实际上他们已经偏离了方向。当效率或工作流程的一贯性无法被其他同样强劲的反对力量制衡时，结果就造成新构想——那个“难看的婴儿”无法得到让它们发光及成熟所需的关注和保护。它们不是被丢弃，就是不曾被察觉。一些公司的工作重点会放在比较安全的、能赚钱的项目上，这种方式会产生可预测、但不具原创性的结果。

关键思维

最佳创意构想必然受到考验才能存活下来。

——布拉德·伯德

六　随时可以和公司里的任何人交换意见

组织图是公司按照一定程序运行的保障，但是过于遵循“正确”的秩序，并且只能通过“官方”的渠道解决问题，就可能会降低效率。内部沟通结构、方式绝对不应拘执组织图。

在任何组织体系，特别是一家成功的公司，当人们开始把大部分精力专注于往上爬而不是更好地完成具体工作时，就会产生问题。人们在底层面对的挑战是复杂的，这使得高层的经理人难以掌握其中的细微差异。

那么有什么解决方案呢？虽然皮克斯公司并未掌握所有答案，但是却找到了切实有用的政策——鼓励每个人说出心里话。在沟通上没有官僚主义存在，而且几乎公司的每一个人都可以向其他任何人提出意见和建议。皮克斯公司的经理人会整合这些不同的看法，并与同事分享，从而使公司不断向前迈进。

每个人都可以对你提出“事后诸葛”的看法，但是这个特殊的用语完全是错误的。你对过去的看法通常并不会比你对未来的看法更清晰，因为你对相关的背景因素的了解是非常有限的。更糟糕的是，你以为自己了解发生了什么事以及原因所在，所以通常就不会开放地倾听或了解更多。

人们需要花很多时间思考感知能力的极限，特别是对于管理而言，要不断地问自己：我们有能力看到多少？有多少看来是难以理解的？如果你不试着发掘没有看到的部分并了解它的本质，你的领导能力将会受到质疑。

如果人们一开始的态度是不同的看法可以互补而非相互竞争，就会提高效率，因为人们的想法或决策会通过公开而得到研讨和提炼。在一种健康且富有创意的文化下，基层的人拥有可以大声说话的自由，而且可以互相交流不同的看法。

事实证明，这种沟通方式是创意公司持续发展的动力。

确保每个人都可以自由地和其他人交流意见或建议，可以防止公司运行模式僵化。为了使公司跨越这种僵化模式，皮克斯公司运用了8种机制。

◎日会

日会是通力合作解决问题的时段。每个工作日1小时的聚会，员工分享自己进行中的工作实例，展示未完成的工作并得到相关建议。日会是皮克斯公司文化不可或缺的一部分。

◎研习之旅

让关键人员离开办公室，亲自接触观众。这些旅程可以为创意的实现注入真实性。

◎了解并利用限制的威力

皮克斯经理人的工作职责是了解并利用限制的威力。经理人会制定一些流程规定，明确资源该用在哪里以及不应该用在哪里。

◎整合科技和艺术

皮克斯公司运用最新科技获取最佳效果，而不是坚持让动画师使用传统工具。一部成功的电影是科技、艺术和正确商业模式的结合，皮克斯公司了解这种充满活力的相互作用，并取得了良好的平衡。

◎尝试简短实验

皮克斯公司会制作 3 到 6 分钟的短片，让意料之外的构想有机会浮现。虽然这些短片不会为公司带来任何收入，皮克斯公司还是会花 200 万美元制作。它们是非常有益的学习实验，用短片产生突破性的效果，比让正式影片的票房爆发容易。

◎学习观察活动

学习观察活动用来补充皮克斯公司既有的 10 周新人技术培训。皮克斯要求每一个员工都参加绘画研讨会，即使是非动画专业的员工也必须参加，因为绘画是该公司的主要活动。这些研讨会教员工以艺术家的方式来观察世界，由此他们可以更全面、更深入地了解公司的特点。

◎事后检讨

每一部影片完成后，皮克斯公司都会召开事后检讨会，这样那些失败的教训才能嵌入机构及员工记忆当中。事后检讨会为期一天，由每一名员工展示其所完成的工作，然后集体讨论并提出改善的建议。事后检讨可以让员工总结并详细说明学到的内容，教导其他未曾参与的人，强迫每一个人反省和思考。

◎每一个人都必须承诺持续学习

皮克斯公司有自己的内部大学，提供雕塑、绘画、表演、冥想、肚皮舞、真人电影制作、电脑程式设计、芭蕾舞等许多课程。这些课程未必能强化工作表现，但是可以建立企业文化并且让每一个人再度想起初学者的样子。皮克斯要求每一个人都要一直学习新事物。

关键思维

优秀领导者的责任就是确保所讲的话都一直符合它们所代表的意义和理想。

——埃德·卡特穆尔

七 坦诚交流，凝聚智慧

提供坦诚的回馈是确保卓越表现的好方法之一。

每个组织都在奋力寻找可行的方法来集合所有员工的智慧。但是要提出不同的想法往往令人却步，因为人们认为这么做可能对个人的职业生涯造成风险。为此，皮克斯公司每年都会举办一场正式的“讨论日”活动。

“讨论日”是全公司所有人参与的全员大会。公司在那天不对外界开放，完全不做任何生意。讨论日的运作方式如下。

◎在预订讨论日的前一个月，公司会给每一个人发送一份调查表，询问他们想讨论什么主题以协助公司变得更有创意及更有效率。

◎根据收回的调查表，相关人员会精简成大

约 120 个主题并予以适当分类，包括培训、环境和文化、资源整合、工具和技术以及工作流程等。

◎设定日程表，包括主讲者、会议地点和待讨论的特定主题清单。这份清单会发给每一位员工，并鼓励大家加入他们最有兴趣讨论的主题研讨会。每一位员工都要选出自己想参加的会议。

◎讨论日上午 9 点，大家先参加全体大会，在首席执行官或其他资深经理讲话之后，再去参加部门会议，和最亲近的同事分享如何把事情做得更好。

◎部门会议会持续到 10 点 45 分，然后大家分别参加他们感兴趣的主题讨论会。主题讨论会从上午 11 点进行到中午。

◎主题讨论会在午休过后会持续整个下午。

◎员工会在每一个主题讨论会结束时填写一张问卷，选出在讨论过程中听到的最佳构想。这些问卷会被保留及分析。在讨论日后会指定“构想支持者”向管理层推荐这些构想。

◎主题讨论会结束后，大家会在一起聚餐，还会对一些构想进行讨论分析。

◎在讨论日后大约 1 个月会寄给大家一份追踪报告，说明哪些构想已经付诸实施，哪些构想获得公司的承诺，以及哪些提案已指定要进行更进一步发展。

有清楚的目标而不是广泛的开放讨论时，讨论日的效果最好。它也需要公司最高层人员的参与，来支持其中产生的好构想。

除了像讨论日这种正式的大型活动外，公司还要求，对于彼此会固定碰面的人，要习惯性地定期给彼此写注意事项，包括目前的工作和新提出的构想，并写明如图所示的内容。

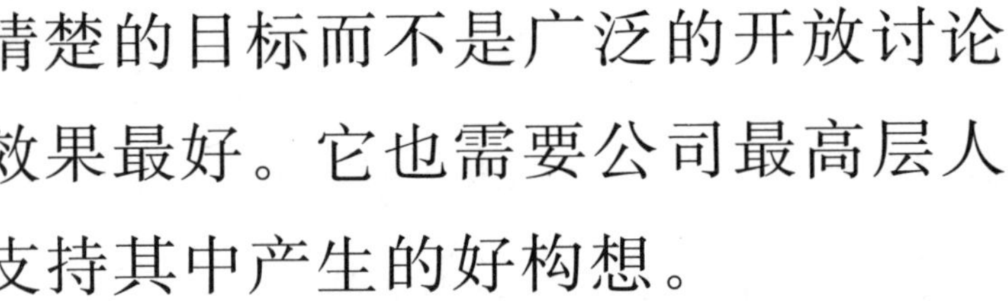

坦诚的回馈是确保卓越表现持续产生的最佳且唯一的方法。当然，你要确保你所提出的注意事项能启发收件者。

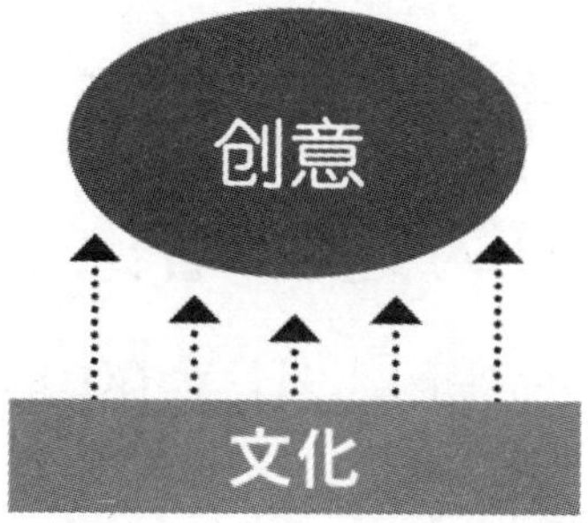

此外，管理创意文化还有以下这些做法。

◎招聘时要看重员工未来的发展。对于他们明天能变成什么样子，要给予比他们目前状况更多的权重。

◎雇用比你聪明的人，即使他们看来像是潜在的威胁。

◎不要相信只有自己是对的，而其他人都是错的。弄清楚只要你的处理依据是真凭实据而非只是人们的意见，那么让事情有点动荡会是好事。

◎作为一位经理人，你可能觉得自己有权力提出否定意见。忘了它吧！让大家在你举办的每一场会议中公开并坦诚地发言，然后处理提出的议题而不是提出它们的人。

◎当你评估自己的成败时，要小心你的第一个直觉的结论，因为这个结论大多是错的。一定要依序评估成果再衡量相关的基本流程。

◎别幻想你能避开错误，一点都不可能。尝试避免错误的成本通常高于善后处理的实际费用。

◎作为经理人，你的工作不是避免风险，而是让自己的员工安全地承担风险。

◎必须让员工知道你信任他们的关键时刻，就是他们犯错的时候。

◎找到问题并加以解决是每个人的职责。要明确执行计划的负责人在事情出错时有权进行决策。

施乐复印机的故事

Copies in Seconds

原著作者简介

戴维·欧文（David Owen），《纽约客》杂志的专职作者，著有多本畅销书，包括《成功之道》《我家老爸是银行》和《挫折与希望》。

本文编译：陈智文

主要内容

主题看板

发　明

科学与发明是带领人类进入新生活的途径。在人类历史上，具有影响力的重大发明多如牛毛，各大媒体选出的“人类历史上最具影响力的重要发明”也数不胜数，但以下几项发明的影响更为深远。

纸——中国东汉时期的宦官蔡伦用破布浆或植物纤维造纸，后来则由摩尔人传入中世纪的欧洲。造纸术与印刷术西传，带动了欧陆文艺复兴运动。

蒸汽机——1765 年，英国人瓦特发明了蒸汽机，后来带动了欧洲的工业革命。

电灯——这个改变人类生活的重大发明，是发明家爱迪生经过上万次实验的杰作之一。

电话——1876 年 3 月，美国发明家贝尔发明了电话。后来由爱迪生将其改良，使通讯更清晰，人们不再为通讯不良所苦。

飞机——1903 年，美国莱特兄弟发明了飞行器，将人类的生活推向了更高的境界。

互联网——WWW 的概念，起初由英籍荷兰人蒂姆·伯纳斯·李提出，后经多所大学及研究机构共同研发，演变成当今的互联网。

复印机——1960 年，美国施乐公司的前身哈洛德公司推出世界第一台普通纸复印机 914 型，“XEROX”从此成为“复印”的代名词。

关键思维

自 914 问世后，施乐公司经历了大起大落。在 20 世纪 60 和 70 年代，公司领导者担心施乐过于依赖电子印刷，因而尝试多种经营的方式，开发出许多个人电脑时代的科技产品，包括激光打印机、电脑鼠标、绘图使用者界面和企业电脑网络。1997 年，施乐前董事长兼首席执行官阿雷尔从国际商业机械公司（IBM）挖来托曼，施乐董事会指定托曼为阿雷尔的接班人。然而，托曼就任首席执行官后，所制订的愿景与现实脱节，导致改革失败。3 年后，阿雷尔以董事长身份要求托曼辞职，并重任首席执行官。此后，施乐用了很长时间才找回经营重心，重新专注于电子印刷。

——戴维·欧文

一　切斯特·卡尔森

1960年，一家位于纽约罗切斯特的小型摄影器材供应商推出了第一部哈洛德—施乐914办公室复印机。914的制造商最初名为哈洛德公司，就是今天的施乐公司。914采用的复印技术与其他公司制造的产品有着革命性的差异，这项新技术被称为电子印刷，它不同于当时所有的印刷技术，电子印刷能在普通纸张上制造清晰、永久的复印。此外，914的操作简单，连孩童都能使用。可以说是一夜之间，人们开始用过去难以置信的速度和数量大量制造文件副本。

切斯特·卡尔森，电子印刷发明人，1906年2月8日生于美国华盛顿州西雅图。他的父亲欧洛夫（瑞典移民之子）是个理发师，在罹患结核病和关节炎前，一直独自负担全家生计。父亲患病改变了卡尔森的命运。为了寻找父亲能够忍受的气候，卡尔森一家从华盛顿州搬到加州、又搬到亚利桑那州，最后来到墨西哥。1910 年 11 月墨西哥爆发革命后，卡尔森一家再度搬回洛杉矶。

高中时期，卡尔森已是家庭的主要经济支柱。他每天清晨 4 点起床，上学前工作两三个小时，放学后继续工作。除了在几家当地的公司兼职，他也到处打零工，每月赚取的 50 或 60 美元，就是全家赖以维生的收入。尽管生活如此困苦，卡尔森的成绩依然名列前茅，他那时已经以成为一名发明家为人生志向了。

能否进入大学受教育，对卡尔森而言似乎不太乐观，但他感兴趣的事都是那些需要受过大学教育才能实现的。发明是一个从零开始，最后足以致富的机会。他读过爱迪生和其他发明家的事迹，发明是少数能改变个人经济状况的方法之一，同时符合他对技术性事物的兴趣。卡尔森认为这也是他对社会能有所贡献的机会。

15岁时，卡尔森开始把自己的发明构想记在随身的日记本里。他有许多构想，比如旋转的看板、清理鞋子的机器、皮包与衣服的扣件、一种新型的口红和抛弃型手帕。然而，卡尔森对印刷和平面技术特别着迷，10岁时他就用一台新普列斯玩具打字机（利用一个手动的印刷滚轮，而不是键盘），慢慢印出了自己的报纸。由于一次只能印一张，他还附上一张传阅名单，要求每个读过报纸的人传给下一个人。

卡尔森的一份兼职工作是清扫当地一家印刷商的办公室，雇主答应他用一台超大型的老旧印刷机替代工资。那时，卡尔森想出版一本名为《业余化学家通讯》的杂志，并计划以65美分的价格发行6个月。不过后来卡尔森发现，排好一期的字版得用一周的时间，而且排字工作冗长乏味，加之启动印刷的脚踏板也非常难操作，因此发行两三期后他就放弃了。

但印刷过程所需的大量劳力令他印象深刻，这也让他开始思考是否有更容易的复制方式。

高二时，卡尔森 17 岁，他 53 岁的母亲死于结核病。失去母亲的精神支持，对卡尔森是一个重大打击，从此照顾病重父亲的责任也全落在了他身上。卡尔森找了更多的兼职工作，但为了存钱，他和父亲不得不搬到鸡舍改装的房子，这个房子只有一个房间。为了避免染上父亲的结核病，卡尔森用自制的睡袋睡在屋外。

尽管生活如此困苦，卡尔森还是拿到了高中文凭并升入专科学校，此后又进入加州理工大学学习物理、化学、机械、电力学和电磁学。1930 年，他从加州理工大学毕业却遭遇经济大萧条。卡尔森向 80 多家公司求职，只得到 3 个回应和一次面试的机会。最后，他进入纽约贝尔电话实验室，成为周薪 35 美元的研究技师。

卡尔森感觉最初的工作其实只是浪费时间，因此他申请调到贝尔电话的专利部门，担任专利律师助理。他觉得这似乎比较有趣，认为这是个全盘了解整个实验室运作的机会。

在贝尔专利部门工作还有一项额外好处，就是卡尔森可以利用空余时间继续构思自己的发明。他的笔记本里，记录了超过400种可能有利可图的新构想。他从没有时间真正为这些创新申请专利，但他持续开发各种构想。

贝尔实验室的专利部门就像美国所有专利办公室一样，需要大量复制经手的专利文件，寄给外国的相关机构、企业或发明者。每一种文件都需要十几份副本。用复写纸制作十几份副本非常困难，通常需要两位打字员，其中一位先打好一份范本，然后另一个人再重复打出其他文件。打字难免有错误，两位打字员必须互相核对检查，这是非常耗时乏味的工作。

二　电子复印诞生

1932 年秋天，卡尔森的父亲过世，悲痛中的卡尔森并没有放弃发明复印机的目标。

由于经济状况持续恶化，贝尔实验室开始大幅裁员，1933 年夏季，卡尔森被辞退。他想在纽约地区找一份专利律师的工作，6 周后终于以略高于过去的薪水，进入一家名为“奥斯汀与卓克斯”的法律事务所。一年后，卡尔森跳槽至麦洛伊公司（后来成为吉利公司的金顶电池部门）的专利部门。与此同时，他进入纽约法学院修读夜间课程，希望成为律师。

除此之外，卡尔森仍不放弃研究制造复印机的技术，他到大学图书馆阅读每一种有关印刷和复制的著作与学术期刊。

1937 年，他在一本艰涩的德国学术期刊上读到一篇匈牙利物理学家撰写的短文，忽然间，卡尔森想到，或许可利用光导性的原理（具光导性的物质能在发光时传输电流）进行复印。

他曾认为，如果将一层光导性物质与一张涂上某种化学药剂的纸接触，那张纸便会在电流通过之后变色。

卡尔森在他公寓的厨房里做了几次实验，发现这个程序需要更强的电流才能完成，但足以让纸张变黑的电流也几乎会让纸张燃烧，而且机器操作员也可能受伤。卡尔森思考这个问题时，正好读到匈牙利物理学家保罗·萨伦伊的文章，他发现可以用静电电荷传输图片——静电的电压非常高，但电流强度低。

那时，萨伦伊已经开发出一种没有抽成真空的三极管。他在一个内有小洞的金属杯中放入一个高温的阴极管，接着用一个外覆一层硬橡胶或某种绝缘亮光漆的滚筒，在非常靠近小洞的位置旋转。高温的阴极管在金属杯中产生离子，金属则让不同比例的离子通过小开口，离子按照所用的偏压影像附着在旋转、绝缘的滚筒上。当影像被扫描过后，他只要在滚筒表面扑上细粉，就能让影像显现。

简单地说，色粉黏在滚筒上的情形，就好比海滩上的沙会附着在泳装沾湿的部位。卡尔森突然发现，结合萨伦伊的构想和已知的光导性原理，便有可能在空白、未处理过的纸张上制造副本。

卡尔森并未使用光在置于光导体上的纸张制造电流，反而利用光移除均匀离子化的光导体上无影像区域的静电电荷。然后扑上色粉让图案显现，并将色粉转移到未经处理的纸张上。光电导性是这个程序的关键，卡尔森知道，他必须找到一种能在光亮中扮演导电体，在黑暗中扮演绝缘体的物质。如果外覆一层这种物质的金属底盘能在黑暗中得到均匀的静电电荷，或许可用一个静电制造器在其表面喷洒离子，然后将底盘曝光排光电流。如果带电底盘的受光不均匀，而是根据待印页面的影像，那么只有对照页面光亮部分的电流会排光（也就是页面中相对浅色的背景），黑暗部分的电流则会保留（对照页面中的深色部分）。在整个底盘扑上带有负电的粉末，应该就能显示出隐含的影像，因为色粉只黏附在尚有电流的部位，那些色粉就能映照出原始页面的影像，然后转移到纸张上，成为一份副本。

这个构想在卡尔森的大脑中刚一成形，他就担忧有人会抢在自己之前推出有效的机器。于是，他请求雇主允许他以个人名义申请一项与他在公司职位无关的专利。麦洛伊先生答应了他的请求，1937 年秋天，卡尔森申请到他个人的第一项专利。一年之后，他将专利改进扩大。扩大后的专利在 1942 年获得许可，其内容简单，只有十几页文字和几幅简单的解说图，实际上已经完整描述了最后广为人知的电子印刷的重要概念。卡尔森最初将这项技术定名为“电子印刷法”，后来改为大家熟知的“Xerox（施乐）”。

关键思维

电子印刷在以往的科学研究领域，其实没有任何基础，卡尔森结合了许多奇特、独立的研究成果，进而实现了惊人的技术跃进。这些研究每一项都艰涩难懂，此前没有人把这些研究联想在一起。卡尔森的创举造就了印刷术出现后最重大的影像革新。他是在缺乏有利的科学协助下独立完成这一重大发明的。直到现在，卡尔森的发现仍令我如初闻时一般惊异。

——哈罗德·克拉克，施乐公司物理学家

三　巴特利纪念研究协会

凭借刚获得的专利，卡尔森相信他的构想一定能成功。于是他尝试开发新技术来验证复印机的概念和原理，结果却徒劳无功，虽然他能在心中清晰地呈现这个概念，但取得所需的要素却异常困难。部分问题在于卡尔森试图独立进行实验，但他其实没有足够的能力，也没有足够的资金，甚至没有可用的实验室。

1938年秋天，卡尔森以每月15美元的价格租下一间小房子做实验，他还雇用了一位刚从奥地利来的移民奥图·科奈担任研究助理。科奈是一位物理学家，他同意以月薪90美元为卡尔森工作。为弥补过低的薪资，卡尔森和科奈另立一份专利权薪金协议，即科奈可分得该发明最初一万美元收入的20％和之后任何经营收入的10%。虽然科奈认为卡尔森活在幻想之中，并不能创造真正有价值的东西，但科奈仍同意这些条件。

尽管科奈的态度有所保留，但他却是一位优秀的研究员。只花了十几天的时间，他的成果就超越了卡尔森过去一年的努力。从1938年10月6日开始工作，到10月22日，他就能构建出一个简单的实验，展现电子印刷的基本原理。科奈还按照卡尔森在专利申请书中的叙述做出了一个粗略的原型机。

显然，要把这项技术从实验室转移到实际应用将会非常困难。科奈认为，“电子印刷法”只像是聪明新奇的玩具，称不上印刷术的重大突破。因此，在双方约定的6个月期满之际，科奈通知卡尔森他将另谋高就，他甚至愿意解除双方的专利权薪金协议，只希望卡尔森允许他继续改良一个在实验过程中发现的扫描构想。

与此同时，卡尔森一直忙于为他的科技开发

计划寻找财务后盾，他写信给包括 IBM、通用等在内的 20 多家公司，他们全都表示没有兴趣。IBM 曾要求卡尔森亲自说明这项技术，却对他无法展示一部可以实际操作的电子印刷机感到失望。卡尔森甚至愿意给 IBM 提供该技术在美国和加拿大的独家授权，换取每年最低一万美元的权利金，而不要求 IBM 销售与租赁业绩的 5%，但 IBM 还是拒绝了他的提议。

卡尔森的确需要一部有用的原型机才能吸引支持者，因此他委托布鲁克林精密仪器公司制造一台他专利书上所描述的机器。当然，这次尝试仍旧失败。几年之后，才有人知道如何制造一台复印机。卡尔森已为这项计划投入了超过个人年薪两三倍的资金，但还是没有任何具体的成果可供展示。

或许，如果卡尔森展示一部外层镀铬、装有红绿小灯的大机器，他们就会对这项技术更有兴趣，不论机器是否真的有用。他们对这项发明的相对价值没有任何清楚的分析，即使若干训练有素的工程师，也都在没有确实了解的情况下，以不值得认真考虑为由忽略了这项技术。

卡尔森几乎就要放弃他的构想了，但1944年的某一天改变了这一切。来自巴特利纪念研究协会（俄亥俄州企业家创设的非营利研究组织）的一位年轻工程师罗素·丹顿，造访了卡尔森任职的专利律师办公室。这位工程师和卡尔森共处了一整天，卡尔森告诉了他有关电子印刷法的构想。丹顿对此很感兴趣，将一份卡尔森专利的副本带回俄亥俄州。几周后，丹顿告诉卡尔森，巴特利纪念研究协会想和他谈谈他的发明。卡尔森心想这或许是他等待已久的突破。

1944年春天，卡尔森来到俄亥俄州哥伦布市，向巴特利的工程师推销他的构想。他们对这个专利很感兴趣，并认为这项技术能有广泛的商业应用前景，他们对于开发实际产品的复杂挑战也很务实，最重要的是巴特利的工程师非常欣赏这个构想。1945 年秋天，卡尔森与巴特利签署了一份商业协议。

这份协议基本上是一份委托合约，卡尔森指定巴特利作为这项技术专利与发明的独家代理。双方并未明确投入研究的具体金额，但约定了将依照 6∶4 的比例分享商业开发带来的所有收入，巴特利分得 60%，卡尔森分得 40%。

为实施他们的协议，巴特利联络美国每一家知名的印刷、复制和照相器材制造商，但没有一家公司对这项技术有兴趣。同时，巴特利的工程师也在努力推动这项技术的进步。1945 年，巴特利约投入 7000 美元改良电子印刷技术——就该技术的商业化潜力而言，这笔投资数目真是小得不合理。即使在巴特利的科学家之间对这项合作也有较大的分歧。

关键思维

了解这项技术的人中至少有 50%认为这

是一个愚蠢的构想，巴特利根本不该蹚这个浑水。这一切只证明了独特的东西不适于民主表决。

——拉塞尔·德通，巴特利工程师

四 哈洛德公司

1945年年末，哈洛德公司研究部门负责人主动联络巴特利协会。哈洛德公司是一家位于纽约罗切斯特的小型相纸制造商，它最大的对手是柯达公司。当时36岁的乔瑟夫·威尔森刚被选为公司总裁，他敦促员工提出新的产品构想。威尔森认为，如果电子印刷可行，可能是哈洛德在柯达尚未主导的领域中立足的良机。

威尔森相当满意巴特利所做的简报，双方签订了制造电子印刷复印机的非独家授权协议。为取得授权，哈洛德将在1947年支付1万美元、1948年支付1.25万美元、1949年支付2万美元、1950年支付2.5万美元，1951年支付3.5万美元。虽然这些金额在现在看来似乎很少，但哈洛德1945年的总利润不过10万美元，因此对他们而言，这是一项重大投资。

哈洛德在签约后的头两年，即 1947 年和 1948 年，并未独立进行任何研究。这令卡尔森相当不安，他担心 1942 年申请的主要专利可能过期，到头来没有任何人能在这段时间内制造出实际的产品。卡尔森认为，巴特利和哈洛德若不尽快行动，某家更大、更积极的公司或许会在他的专利中找到一些线索，进而发现一种类似，但不损害其专利权的复印技术。这种结果可能使他的专利一文不值。

1948 年，一个意料之外的单位——美国信号公司为他们提供了一部分开发资金。在第二次世界大战期间，哈洛德曾向美国信号公司销售摄影复制设备，威尔森告知他们卡尔森的构想后，信号公司即向“电子印刷法”投资 10 万美元。实际上，“电子印刷法”获得的所有开发资金，有将近半数来自政府的承包商，他们希望研制出可靠的文件复印设备以供美国军方使用。

渐渐有越来越多的巴特利工程师开始参与电子印刷的研究项目，几项突破也随之出现。例如，他们发现用硒包覆光导滚筒，能大幅提升复印过程的感光度，因此只需借由光线投射便可复印，不需直接接触。为了让哈洛德和巴特利预先占有竞争优势，他们的每一项改进都立刻申请了专利。

威尔森聘请卡尔森在这个研究项目进行期间担任哈洛德的顾问，卡尔森欣然接受，他也正好能借此继续修改整体设计。最后，除了当初与巴特利签约时拥有的专利，卡尔森又取得另外 36 种与电子印刷相关的专利。

在所有开发工作进行的同时，哈洛德与巴特利也在重新讨论双方的授权合约。哈洛德希望取得这项技术的独家商业授权，因为接下来他们必须投入相当大比例的可用资金。由于没有其他公司对这个项目感兴趣，巴特利也就同意重新谈判。

新约签订后，威尔森决定为这项新技术取一

个比“电子印刷”更通俗的名称，各方提议的新名称如“干净复印”、“干式复印机”和“神奇印刷机”都不够响亮。最后，一位俄亥俄州立大学古典音乐教授提出了“xerography”，“xero”是希腊文中“干燥”的意思，而“graphi”则是希腊文中“书写”的意思。虽然卡尔森不喜欢这个新名称，更喜欢使用“电子印刷”这个较具科学性的说法，但威尔森和哈洛德董事会都接受这个新名称，威尔森还提出用较简短的“Xerox”注册商标。这个灵感来自哈洛德最大的对手柯达公司（Kodak）。威尔森一直很喜欢“柯达”这个名称，因为首尾两个 K 互相辉映，“Xerox”看来类似，又不会有太多模仿痕迹。

五　公开发布与“公牛机”

1948年10月24日，巴特利和哈洛德决定在底特律的美国光学协会年度大会上公开发布电子复印技术。为展示这项新技术的亮点，他们定下在一分钟之内复印一份文件的目标。

尽管公开发布的手法噱头十足，但事实上只是粗略展示电子复印的各个步骤而已，每个程序都是手动而非自动，其结果就是一张单面印有模糊影像的白纸。如果任何一位观众要求第二次复印，技师必须清理硒盘，然后重新手动设定每个操作程序的“箱子”。公开展示顺利完成，没有引起任何麻烦，只是这个盛大的发布会，并未引起任何公众反响。

当哈洛德决定发布第一代“Xerox A型复印机”时，卡尔森才更清楚地知道自己极力想要在研发上获得某些明确、具体的进展是什么。

在公司内部，新机器被称为“公牛机”。这个绰号取自哈洛德最新商标的后两个字母，并暗指机器的笨重及其笨拙的操作方式。这台机器比在底特律展示的模型稍微简化了一点，从四台窗式空调机的大小缩成一台半，但基本的操作方式相同，仍有许多太过琐碎的步骤。曾有专家这样评价：“不协调的设计让机器难以操作，制造一张副本竟需要超过一打的人力。”其实这还低估了所需人力，比较接近的数目是需要四打的人力操作。

在全面投产前，哈洛德将“公牛机”运往几家大公司进行应用测试，第一时间得到的回应都是“太复杂”。有些公司甚至说，打字员重打一份文件的速度都比“公牛机”复印快。此外，每一次复印都必须重复所有的手动步骤，更糟的是复印出来的品质非常差。

若非一项有趣的功能，A 型复印机可能就此消失，并且将哈洛德拖下水。“公牛机”竟然能制造平版印刷所需的高品质纸版，当时所有的大公司都有平版印刷机。A 型复印机让制造纸版的成本从 3 美元以上大幅降至 40 美分，作业时间也从一小时缩短到几分钟。利用这项显然是始料未及的应用优势，哈洛德将 A 型复印机重新命名为“Lith－Master”，并直接销售给平版印刷机的使用者。

大约在同期，美国无线电公司宣布该公司开发出一种同样利用电子印刷术，但不侵犯卡尔森、哈洛德或巴特利任何专利权的文件复印机。这款新复印机名为“Electrofax”，并且同样计划将发明授权给其他制造商。哈洛德与巴特利对这个消息均深感痛心，尤其当卡尔森详细检阅他们的技术后，证实他们的确没有侵犯他的任何专利。

然而，该技术的致命缺点是必须使用表层经过特殊处理的纸张，使用普通纸张一直是卡尔森技术专利的最大优势。不过与此同时，美国无线电公司与哈洛德公司的律师，也互相威胁提出诉讼。哈洛德重新指派所有的研究员全力研究美国无线电公司复印机的运作方式，把改善自家机器的研究工作抛在一边。好在美国无线电公司开发的机器，无法成为真正的竞争者，但在当时，它让哈洛德的所有成员虚惊一场。

关键思维

1953 年，哈洛德销售与租赁“Lith－Master”的收入以及特殊纸张、调色剂和金属板等周边设备的销售业绩，已经超过 200 万美元。这些收入让哈洛德在困难时期得以获利，并资助了 914 的相关研究。如果“公牛机”完全失败，哈洛德将被迫缩减，甚或放弃电子印刷的开发计划。

——索尔·利诺维茨，哈洛德工程师

六　研发 914 复印机

1954 年，IBM 主动提议为哈洛德制造、销售办公室复印机。这似乎预示着哈洛德即将完成重大突破，哈洛德可借此获得无限期的、稳定的现金收入，唯一的问题是 IBM 坚持取得独家授权，这将导致哈洛德无法销售自己的复印机，因此哈洛德拒绝了 IBM 的提议，继续低调地开发更好的复印机。

同年，哈洛德推出名为“Copyflo”的新型复印机。这台机器售价 13 万美元，体积相当于一台邮政卡车那么大，需要 220 伏特的电压、强化水泥地板，只能利用微缩胶片复印，纸张也必须是连续的纸卷。这种复印机以大公司和美国海军等需要保存大量资料的大客户为目标客户。

虽然该型复印机仅卖出约 500 台，但其使用频率很高。1956 年，哈洛德约 40％的收入来自销售“Copyflo”的消耗品，这暗示电子印刷技术普及后可能创造的庞大收益。受到这次成功的鼓舞，哈洛德再次加倍投资开发办公室复印机。

与此同时，巴特利纪念研究协会进一步厘清了电子印刷技术的知识产权。巴特利同意将这项技术的所有知识产权卖给哈洛德，换取 5.3 万股哈洛德股票，加上 3％的专利权利金。卡尔森与哈洛德没有直接协议，但他有权分得巴特利从电子印刷技术所获收益的 40％，包括哈洛德的股票。威尔森也把公司名称改成“哈洛德－施乐”，表明该公司将更积极地发展复印机事业。他在纽约韦伯斯特买下一大片土地，计划未来某个时候在此设立公司的研发中心。

此后，914 办公室复印机的研发计划加速进行。哈洛德－施乐公司的工程师首先讨论了“Copyflo”所有最佳的要素，并且继续找寻缩小体积的方法。他们还有新的挑战有待克服，例如，让单张纸从复印机的某个地方移到下个位置。

当时，工程师无法推动一张纸通过复印机，必须用拉的方式。初期，工程师的构想是用一对硬币大小的机械夹，在复印过程一开始就夹住纸张，然后一拉到底，但他们认为，机械夹把纸张移离感光器的动作可能会损伤硒滚筒，此外，还会在每张副本上形成阴影。工程师也曾考虑使用真空系统，但他们以太过昂贵、太耗电，且极有可能让未融合的调色剂渗出为由，否决了这个想法。最后，他们利用固有的静电电荷将纸张黏到系统的移动表面，这类似把气球固定在屋顶上的原理。这个构想还有许多阻碍，比如说，要让纸张适当地黏附在硒滚筒上，工程师必须防止纸张在刚接触滚筒时在其表面滑动。因为这种情况会经常发生，将纸张黏附在滚筒的电荷与让纸张黏附在传送带上的电荷，会把纸张拉往相反的方向。经过几次试验，工程师终于利用一个机械爪解决了这个问题，即在纸张接触滚筒时，短暂逆转纸张的方向，然后将纸往前推向一个阻挡装置，在纸张前沿形成一个小皱折。

哈洛德的工程师不断地解决制造914复印机出现的技术问题，但进度缓慢。他们发现，某部分问题的解决方法几乎都会在另一部分程序形成额外问题。工程师们一遍又一遍地分析哪里出错和出错原因的时候，难免陷入紧张、焦虑，甚至是绝望的情绪之中。每当他们以为已经解决某个问题时，却发现另一个问题随之产生。

哈洛德必须开发并积累关键技术经验，才能制造出符合需要的复印机。“公牛机”已交给外部承包商制造，而每一台“Copyflo”都由人工组装。现在，哈洛德计划大量制造一种所有的零件都符合精确规格的复杂机器。为此，他们必须开发零组件检验的程序，以确保零组件符合特定规格。

哈洛德终于得到了几家大型供应商为914复

印机提供的重要零配件。比如，通用电子开发出可供914复印机使用的特殊灯具，美国铝业公司提供了制作滚筒用的压缩铝管，这些供应商竭尽全力达到哈洛德的要求，即使他们的投资看来并没有立即获利的机会，但他们最后的确都从这项合作中获益良多。

1958年，914复印机设计即将完成之际，IBM雇用黎拓顾问公司，评估914复印机这类复印机的潜在市场。黎拓的结论是，914复印机没有市场，因为每家公司都已经有复写纸和活版印刷机。他们力劝IBM放弃考虑914复印机的新市场机会，IBM接受了他们的建议。

1959年年底，哈洛德在6家公司安装了914复印机的原型机，以便进行重要的应用测试，其中包括罗切斯特瓦斯电力公司、罗切斯特大学、泰勒仪器公司和博士伦公司。这些使用者发现，一叠纸在装入机器前必须先散松、意外闯入系统的钉书钉或回形针会导致机器停摆，以及不断会发生夹纸问题。到测试结束时，工程师已经搜集到了相当多有关机器缺点的原始资料，他们极度沮丧。但是，当他们开始收回原型机时，却得到令人鼓舞的惊喜——没有一家公司愿意归还测试用的复印机。

关键思维

很难相信我们一开始对静电学所持有的那种天真。电子印刷的开发过程历经许多阶段，任何有理性的管理委员会都有正当的理由否决它，我们总是需要一些非理性的东西才能坚持下去。

——刘易斯·沃尔克普，巴特利研究员

七　914 复印机问世

历经无数痛苦磨难，哈洛德一直无法找到制造伙伴，但威尔森和董事会还是决定制造销售 914 复印机。该公司租下一栋过去用来制造纸箱的楼房，开始建立 914 复印机的组装线，这个说法不太正确，因为每一台机器都是架在一台木制推车上，用人力在地板上推来推去。每一位组装员身边都有一位工程师监督每一道程序。

每天都会出现需要临场应付和解决的新问题，但现场的士气非常高昂，每个人都热切地盼望把 914 复印机卖出去。1960 年 2 月底，组装厂已经制造了 50 台功能良好的哈洛德—施乐 914 复印机，不久之后，组装厂便达到一天 5 台、然后是一天 25 台的产能。

一台 914 复印机的制造成本大约为 2000 美

元，这个数字虽然大得惊人，却只包括零组件和劳工成本。第一台机器组装完成之时，哈洛德—施乐已经投入1250万美元的研发成本，且这项投资超过该公司在20世纪50年代的总利润。当时柯达最小的产品“Verifax”售价为99.5美元，对比而言，哈洛德—施乐很难在初期获利。

914复印机要如何在不令其制造商破产的情况下和对手竞争？

为纳入成本考量，哈洛德—施乐想出计算复印机使用量——以次计费的办法。这个构想后来演变成哈洛德—施乐的第一个计价方案，即月租费95美元，2000次以上每张复印收费5美分。哈洛德—施乐公司依据这个计价方案打出了广告，“别买他们的复印机——借我们的”。

付费顾客订购的第一台914复印机于1960年3月出厂，哈洛德的销售部门预测，多数使用者每个月会进行2000次复印，或大约每个工作日100张。他们也推算，有的使用者每个月可能进行 1 万次复印。不过，在收回计次卡时，他们发现大多数 914 复印机每个月的复印量介于 4 万次到 10 万次之间。一张副本 5 美分的价格，也开始为哈洛德—施乐公司创造惊人的利润。

1959 年，即第一台 914 复印机出厂的前一年，哈洛德—施乐的营业收入为 3200 万美元。1961 年，该公司的营业收入已经增加将近一倍，而这还只是一个开始。哈洛德—施乐的业务与销售人员用 5 分镍币做成袖扣以纪念他们惊人的成功。

914 复印机迅速、惊人的成功也带来了许多问题，因为这部机器的稳定性实在太差了。哈洛德—施乐本想组建一个团队为客户提供维修服务，因为所有 914 复印机的客户都希望尽快排除故障，以使机器尽快能复印。其实用户根本不需要约定任何定期维护，因为多数使用者都发现，服务人员过不了几天就得回来处理机器的各种问题。哈洛德—施乐甚至开始以月租费 25 美元的价格为大客户提供第二台914复印机，以便第一台机器出故障时随时有备用的机器。

尽管有这些问题，但所有的顾客仍然喜欢哈洛德—施乐复印机。几乎一夜之间，复印的预期需求全都出现了，当914复印机在1960年下半年达到月产百台的产能时，哈洛德—施乐决定打广告促销，结果不需要广告，顾客就慕名而来了。

914复印机有许多缺陷，但它依然是一个成功范例。1961年，哈洛德—施乐将公司名称改为“Xerox”，也就是今天的施乐公司。1965年施乐的营业收入近4亿美元，1966年达到5亿美元，1968年突破了10亿美元大关。

1959年，哈洛德—施乐还只是一家微不足道的小型相纸制造商、一家制造平版印刷便宜纸版的公司、纽约罗切斯特十几家本地公司的一员。7年后，施乐公司成为美国市值排名第十五位的上市企业，它超过克莱斯勒、美国钢铁公司，甚至逼近 IBM 公司。哈洛德—施乐曾在 50 年代为高层员工实行过一次股权激励计划，这项计划让几十名员工成为百万富翁。拥有哈洛德公司股票的罗切斯特大学，也成为全球最有钱的私立大学之一。20 世纪 60 年代投资哈洛德—施乐股票的 1 万美元，到 1972 年变成了 100 万美元。

914 复印机总共卖出 20 万台，成为《财富》杂志所谓以研发投资而获利的“美国历史上最成功的产品”。

914 复印机成功地成为一个全球商品——复印机开始风靡世界。虽然施乐持续生产 914 复印机到 20 世纪 70 年代早期，也陆续推出新机型，包括 1963 年问世的全球第一台桌面型普通纸复印机，1964 年上市的、1 小时能复印 2400 次的 2400 型复印机。这些机型都出自 914 复印机开发计划，也都为施乐创造了庞大的收益。

卡尔森持续担任施乐顾问，直到他于 1968 年 9 月过世，享年 62 岁。与巴特利的合约，让卡尔森得到数百万美元的专利权收益。据估计，直到 1965 年，全球的施乐复印机每复印一张，他就能分得 1/16 美分。在他生命的最后 10 年，他不断捐出他的财产，如此他才能“以穷人的身份死去”。卡尔森的生活俭朴，他将其所获的 1/4 专利权收益捐给“电子印刷术参与基金”的 13 位成员——他们是 1948 年为卡尔森提供种子资金、协助开发电子印刷技术的人。

1968 年，哈洛德—施乐公司的首席执行官威尔森因心脏病过世，享年 61 岁。自 914 复印机问世后，施乐经过许多大起大落。在 20 世纪 60 年代和 70 年代，公司领导者担心施乐过于依赖电子印刷，因而尝试多样化经营的模式。他们成立了一个研究中心，成功开发出许多个人电脑时代的科技产品，包括激光打印机、电脑鼠标、绘图使用者界面和企业电脑网络。然而，施乐并未将上述任何科技创新成功地商品化，反而是其他公司将施乐开发的构想推向了市场。此后，施乐走过一段弯路，最终又重新专注于电子印刷技术。

电子印刷技术仍在持续发展。不论施乐公司经过多少危机，世界各地利用施乐公司、哈洛德—施乐以及其竞争者生产的电子印刷机所制造的复印数量，从 1938 年卡尔森与科奈除去第一块蜡纸碎片起，每年都以惊人的速度增加。1955 年，914 复印机诞生前 5 年，全球只有 2000 万次复印，几乎全部采用非电子印刷方式；1965 年，914 复印机问世 5 年后，全球共有 95 亿次复印，几乎全是电子印刷；1984 年有 5500 亿次复印；1985 年有 7000 亿次；2004 年超过了 2 兆次。现在，全世界每天制造的电子复印页数已经超过 1963 年一整年的数量。

关键思维

我必须承认，如果我们能预知创造一个世界通用的、可靠的新产品必须涉及的复杂工作、高昂的研究经费以及制造问题，我们可能没有足够的毅力完成这项事业。

——乔瑟夫·威尔森

电子印刷技术确实独特，从当初卡尔森灵光乍现到现在，这么多年没有任何人对普通纸复印提出更好、更清楚、更快速、更经济的方法。就一般高科技创新、演进和消失的速度而言，这几乎是一项不可思议的成就。

复印机的发明是人类历史上划时代的事件，施乐复印机在人类文明史上占有一席之地。复印机是人们保存与分享信息的非凡工具，它能使复杂的想法在人与人之间迅速交流。但今天，我们却把电子印刷技术视为普通的技术。

——戴维·欧文

永不放弃的亚科卡

Iacocca——An Autobiography

原著作者简介

李·亚科卡（Lee Iacocca），生于1924年，毕业于宾夕法尼亚州伯利恒的理海大学。1949年，亚科卡进入福特汽车公司工作，通过独到的市场眼光与销售方法，让福特汽车公司成为全球数一数二的汽车霸主，并在1970年成为福特汽车公司总裁。1978年，亚科卡与亨利·福特理念不合，遭到福特解雇。亚科卡离开福特公司后，随即担任克莱斯勒汽车公司总裁，为克莱斯勒带来了惊人的利润，并带领克莱斯勒东山再起，写下了汽车史上传奇的一页。

威廉·诺瓦克（William Novak），作家。

本文编译：傅馨

主要内容

主题看板

汽车业的传奇人物

汽车业是全球规模最大的制造业，其版图横跨欧洲、美洲和亚洲。回顾过去的 100 年，最初全世界只有德国和法国有 6 辆实验汽车。今天，各式各样的汽车不断推陈出新，大街小巷堵得水泄不通。据统计，全世界约有 3.5 亿辆汽车，全部车辆串联起来大约可绕赤道 6 圈，是地球和月球之间距离的 2/3。

二次世界大战结束后，全球汽车业的版图便开始呈现不断高度扩张的趋势。20 世纪 60 年代，汽车制造业带动并促成欧洲战后的经济奇迹；70 年代，汽车的缺点和第一次石油风暴袭击欧美，使得日本迈开大步走上了竞争的强势之路；80 年代，美国、德国和日本的汽车企业都成为世界顶级强者，百家争鸣也从此开场。

回望汽车业的历史，人们便不得不谈传奇人物——李·亚科卡。

亚科卡是近代美国汽车发展史上的杰出人物。在福特公司的32年里，亚科卡贡献良多，其中最叫人称赞的就是在1960年把猎鹰与野马两款性能、外观兼具的车系推上市场。这两款车系在销售奇才亚科卡的策划下，突破以往的设计概念，引起抢购风潮，使福特公司在竞争激烈的市场中大获全胜。

1978年，亚科卡与亨利·福特分道扬镳后，转战当时已经坠入谷底的克莱斯勒公司。经过亚科卡的努力，短短6年克莱斯勒公司就从破产边缘咸鱼翻身、起死回生。而这段让人津津乐道的奋斗史，也写下了亚科卡人生最辉煌的一页。

事业的大起大落，打造了亚科卡永不放弃的坚强个性，也造就了他成功的人生。亚科卡曾说："即使遭逢困境，仍该奋勇向前；即使世界分崩离析，也不要气馁。天下没有免费的午餐，辛勤工作必有所得。这些信仰造就了伟大。”

一　理想

1902年，亚科卡的父亲尼可拉抵达美国，当时尼可拉才12岁。他过着贫穷、孤单又惊恐的生活，多年后他回到意大利娶了安托伊奈特为妻，再度重返美国并成为美国公民。尼可拉眼中的美国是一片自由大地——只要有雄心去追求目标，愿意为此打拼，就有机会实现任何愿望。

1. 父亲的教诲

亚科卡生于1924年10月15日。那时候，他父亲已经在艾伦镇开了一家热狗餐厅。尼可拉一直向儿子灌输两大原则：第一，绝不做资本密集的生意，因为到头来你会成为银行业的囊中物。第二，经济不景气时，一定要做食品生意，因为人总是得吃东西。实际上，1952年亚科卡差一点就要开一家食品连锁店，这比雷·克罗克创办麦当劳还早了许多年。不过亚科卡后来决定放弃这项计划。

亚科卡的父亲非常喜欢汽车行业，并因此投资了一家叫做“任你开”的早期汽车租赁公司。很快这家公司的汽车就增加到30辆。亚科卡15岁时，便立志将来要投身汽车行业。

亚科卡把自己在营销方面的天分归功于父亲。他的父亲拥有几家电影院，而且不时有别出心裁的促销活动，其中最令人称奇的就是他曾选出脸上最脏的10个小孩免费入场。

在20世纪20年代，亚科卡的家境富裕。但在后来的经济危机中，亚科卡一家虽然保全了性命，却几乎失去了所有的财富。眼看所有赚来的钱在一夜之间几乎化为乌有，亚科卡的父亲震惊不已。幸好他根基雄厚，才得以度过经济危机大恐慌时代中最黯淡的日子。一路走来，亚科卡的父亲严守买卖一定两清的原则，不允许家人有任何赊欠，甚至不能办信用卡；同时坚持子女之间的任何债务也必须有借有还。

亚科卡的父亲时常挂在嘴边的训诫是这3句话，“人生有些悲伤是好的，如果没有悲伤，你就永远无法知道幸福是什么。”“既然能跑，为什么要走。”“如果对方块头比你大，就别硬碰硬，多用脑袋，不要靠拳头。”

亚科卡的父亲于1973年因白血病过世。

2. 求学时光

11岁以前，亚科卡从来没有意识到自己是意大利人。但自小受到的歧视，即便到老心中仍然有阴影。偏见不只限于学校，他生活的每个层面都充斥着偏见。

上学时，亚科卡学到最重要的一项技能是如何沟通。他学会了怎么用文字清楚地表达自己，怎么当着众人演讲，怎么增加词汇。他认为，参加辩论队可以提高表达个人思想和随机应变的能力，从而提高沟通的能力。

上中学时，他罹患风湿热，养病期间开始看

书，不久便对阅读产生了极大的兴趣，只要能找得到的，不管什么书都看。这对亚科卡的成长很有帮助，高中期间，他不仅学习成绩名列前茅，还参加了乐团、戏剧社、辩论队等学校社团。

日本侵袭珍珠港时，亚科卡正好在读高中，他迫不及待地想投笔从戎，却因为得过风湿热，被判定体质不合格。但看到班上同学大部分应召入伍，许多人战死沙场，他感到丢脸，觉得自己像二等公民。

高中毕业后，亚科卡决定主修工程，被普渡大学拒绝后，他进入理海大学就读，学校距艾伦镇的家约半小时车程。

大学期间，亚科卡养成了按时作息的习惯，从此始终奉行不渝。周一到周五辛勤工作，周末休息陪伴家人，然后在每个周日晚上，为未来一周设定目标。他也一直秉持这个原则：人必须明确自己的优先要务并且全力以赴。

因为战争，班上经常只剩下几个人，这使他

有机会得到品质极高的教育，亚科卡先从机械工程改学工业工程，又转攻商业课程，学业一路顺畅，最后以优异的成绩毕业。

还没毕业时，亚科卡就决定要去福特公司工作，这只因为他开的是 1938 年生产的福特车。他曾一边开车一边跟朋友开玩笑："这些家伙需要我。他们能造出这么糟的车子，一定用得上几个帮手。"当年，想要弄懂汽车的上策是自己有车，因为战争使所有的零件严重匮乏。毕业后，亚科卡去见福特公司的招聘主管，经过一次次的面谈，他最终被福特公司录取。

二　福特的故事

大学毕业后，亚科卡开始在福特公司担任见习工程师，具体工作是到公司各个部门巡回实习数日或数周，以便熟悉制造汽车的每一个步骤。他被分派到红河厂，该厂是全世界最大的汽车制造厂区。

1. 渐入佳境

这是一个绝佳的机会，亚科卡可以看到书本上的知识如何应用到实际中，有机会在制造过程的每一步骤实际动手操作。实习结束时，他已经熟悉了从采矿、炼制钢材，到最后组装全部的汽车制造流程。在装配线实习期间，他的父母到工厂来看他。母亲看到他身穿工人服，就说："读书读了17年，你看，在班上考不到第一名的下场如何？"

亚科卡对营销或业务类工作更有兴趣。他发现自己虽然学的是工程，却喜欢与人沟通做销售工作，不愿意与机器为伍。他的上司对此不以为然，但还是决定，如果他可以自己在业务部门找到职缺，就让他调到业务部门。亚科卡很快跑到纽约，说服一位区域经理雇用他，担任销售部门的办公职员。

刚开始他做得并不顺利，过了两三年才站稳脚。不过他的确遇到了好时机，当时二战已经结束，经过多年战争后，人们对新车的需求大增。

1949 年，亚科卡已升任宾州威克斯巴尔一带的业务经理，负责与 18 家经销商密切合作。他很快就发现，经销商才是整个汽车业的灵魂。这些经销商虽然表面上依附在各家汽车公司，其实却是位居资本核心的创业家。他们才是真正把汽车销售出去并负责维修的人。

大多数汽车公司的高级主管都缺乏这种眼光。但是在亚科卡看来，经销商是公司唯一的顾客。因此就算有时候经销商的意见可能有点逆耳，亚科卡也会仔细聆听。

那时福特公司正经历痛苦的重整期，但内部有许多晋升的机会。

1956年，福特车卖得不好，亚科卡想出了一个新计划——先付20%的头期款，其余分3年付款，月付56美元，就可以买车。仅仅用了3个月，费城销售区就从全国最后一名变成第一名。这个构想很快就被福特公司总部采用，亚科卡也因此升任华盛顿特区区域经理。

1956年，亚科卡娶玛丽·麦克李利为妻，她是福特某装配厂的接待员。出发度蜜月前，亚科卡接到通知，升任福特车系事业部的汽车暨卡车业务主管，必须赴底特律就职。1960年3月，他又成为汽车销售部主管，他的上司是罗伯·麦纳马拉（后来担任肯尼迪时代国防部长）。

1945年，麦纳马拉便开始在福特公司工作。当时包括麦纳马拉在内共有10名空军统计控制局的军官想要同战时一样，继续在一起工作，他们与亨利·福特见面，并且告诉福特，他们可以像在空军时一样，为福特公司提高效率。他们提出的是打包方案，要么就10个一起雇用，要么就一个都不留。亨利·福特很明智地答应了，这10个人当中，麦纳马拉及亚杰·米勒都曾当过福特公司的总裁。

麦纳马拉和一批财务分析专家为福特引进了财务管控系统。他们建立管控制度，要求公司每个事业部为其盈亏负责。财务人员往往锱铢必较、防御心重、保守悲观；而业务和销售人员则常常积极进取、前卫乐观。每家公司都需要这两种人才，因为这两组人才之间天生的紧张关系，可以自成一个制衡系统。如果锱铢必较一方太弱，公司花钱将不知节制；可是他们如果太强，公司便无法应对市场变化、维持竞争力。

1960年11月10日，麦纳马拉被任命为福特公司总裁，同一天亚科卡升任麦纳马拉原来的职位，即福特车系事业部副总裁兼总经理。

2. 管理天才

36 岁的时候，亚科卡就是全球第二大公司最大事业部的总经理，可是他在公司里几乎默默无闻。

当上总经理后，他的第一个举措是实行季度检查制度，让所有高级主管有机会坐下来，写出他们未来 3 个月的工作目标。3 个月后再举行考评会，检查过去的成绩，并设定下一季度的目标。把工作目标写在纸上的制度，逼得那些高级主管必须重视实效，剔除各种暧昧模糊的虚假成分。

事后证明，此举对控制公司局面十分有用，也增加了主管之间及主管与员工之间的沟通，并且使公司内不会有人迷失方向。

亚科卡对他的管理风格有如下的反思。

◎如果要总结一个优秀经理人应具备的特质，我会说最重要的是决断力。你可以用全世界最新颖的电脑，你可以搜集所有的图表和数字，但最后还是必须把信息整合起来，设定一个时间表，然后付诸行动。

◎我的管理风格向来是保守的。每次我冒风险，一定是我能够说服自己，有充分的相关研究和市场调查支持我的直觉，才会去做。我可能凭直觉行事，但必有事实作为后盾。有太多经理人，特别是高学历经理人，作决策时会绑手绑脚。他们总觉得必须掌握所有的资料，充分研究，才能保证计划成功。这在理论上是对的，但在现实中行不通，某个时间点一到，你势必得放手一搏。因为即使是正确的决定，如果错过时机，也会变成错的。再者，没有事情是百分之百确定的。有时候就算最精明的经理人，也会像被大狗牵着走的小男孩，得顺势而为。

◎不管教科书怎么说，企业经营最重要的决定都是由个人而非委员会作出的。我的政策一向是，在作最后决定前一路讲求民主，但定案时，我就成了铁面无私的统帅。“好，我已经听过所有人的意见。现在我们就如此这般去做。”

◎成功的关键不在信息，在于人。我物色的高层管理人，必须是有干劲的人。这种人不会以尽到本分为满足，他们永远想要做得更多，而且会向合作伙伴伸出援手，帮对方把工作做得更好。

3. 野马奇迹

亚科卡接管福特车系事业部时，猎鹰车系卖得很好，业绩十分突出。为乘胜追击，他们又着手开发名为红雀的省油小型车。这款车打算挑战德国的大众汽车。红雀也像猎鹰一样，车型小、价格低。

亚科卡到欧洲去考察开发的进度时，发现红雀的款式很糟糕，没有行李箱，看起来像未经设计一样。从德国回来后，他直接去找亨利·福特，告诉他红雀无法吸引年轻人，将来会变成第二个“艾德索”（以亨利·福特儿子的名字命名的车型)。虽然福特公司已投资3500万美元开发这款车，亚科卡还是说服了最高管理层就此放弃这个计划，避免更多亏损。

红雀被叫停后，他召集了一群聪明且有创意的人才成立研发委员会，放手推动自己的计划。这些人做的第一件事就是分析美国汽车市场的本质，以及社会环境的变迁。最后得到的结论是，市场正远离实用车型，转向对年轻消费者具有吸引力的车型，款式要新、性能要强、价格要低。

这个委员会自1960年开始运作，到1962年他们便提出一款要放在猎鹰车系下的新车，这款名为“野马”的新车是4座跑车。两年后，野马车的雏形终于开发出来了。公司决定在1964年4月纽约的世界博览会上推出这款新车。野马一推出便在全美大卖。

引起抢购热潮的野马车，裸车售价是2368美元，还外加一长串的选购配备清单，购买野马车的人比购买其他车型的人再多支出1000美元左右。最初的估计是第一年可以卖出 7.5 万台，但实际销售量超过了 41 万台，因此有 3 座工厂拼命赶工，以满足市场的需要。仅仅两年，野马车就为福特公司赚进 11 亿美元的净利润。

4. 再创佳绩

野马车的辉煌战果，使亚科卡在 1965 年 1 月晋升为福特汽车暨卡车事业群的副总裁，负责福特及林肯一水星两个事业部所有新车的规划、生产和销售。

林肯一水星事业部是专做高价、豪华房车的部门，它一直是福特公司中最弱的一个部门。亚科卡决定要让这个系列的产品别出心裁且令人欣赏。他敦促各新车小组全力以赴，经过两年的持续努力，1967 年福特公司林肯一水星事业部推出了侯爵和美洲豹两款豪华型新车，后来又推出了马克三型。

1970 年，重现生机的林肯一水星事业部净利润超过 10 亿美元。

5. 迈向巅峰之路

1968年，亚科卡44岁。野马车的辉煌纪录、林肯一水星事业部扭亏为盈的业绩，证明了亚科卡的实力。各方一致看好他会是下一任福特总裁，就在前程一片大好之际，命运开始捉弄人。

亨利·福特聘请通用汽车原执行副总裁塞蒙·克努森来担任福特的总裁。他的年薪高达60万美元，与亨利·福特不相上下。克努森于1968年初冬就任，当时亚科卡正在与家人一起滑雪度假。

亨利·福特向亚科卡保证，将来亚科卡还有当福特总裁的机会，并说克努森可以为福特团队带来通用汽车的智慧。亚科卡认为此举对他的前途是严重打击，便考虑辞职。不过大家都劝他，于是他决定坚持下去，静观情势发展。况且他爱汽车这一行，也喜欢福特公司。

克努森发现在福特公司工作与在通用汽车公司工作差异巨大。福特公司永远行动快速，且竞争气氛浓厚。克努森仿佛离水的鱼，撑不到两年就被亨利·福特辞退了。

1970年12月10日，亚科卡登上福特汽车公司总裁的宝座。

亚科卡上任后首先展开降低成本计划。前一年福特赚进的利润占总营业额的3.5%，亚科卡定下了次年必须提高到5%的目标。他判定达到这个目标最好的办法，就是推行降低成本计划。他开始从公司各领域寻找省钱的机会，也着手出售赔钱的部门。

6. 天堂中的风暴

在亚科卡成为总裁前，亨利·福特对他而言一直是个远在天边的人物。如今他们的办公室只有一墙之隔，也会一起出席许多相同的会议。他认识福特越深，就越对公司的前途和他个人的前途感到忧虑。

1973年的石油危机发生时，福特公司完全措手不及。亚科卡和亨利·福特对是否要开发轻巧省油的车型针锋相对，福特极力反对，亚科卡百分之百赞成。亚科卡最终说服亨利·福特，于是福特公司开发出嘉年华，并于1979年在欧洲上市。就在此时，日本进口车则在美国攻城略地。

亨利·福特对亚科卡在外界的声望有些介意。他要让全世界知道，福特汽车公司依旧是他在掌舵，他也确确实实把这个信息传递了出去。

7. 致命的一年

1975年，亚科卡感觉到亨利·福特正在有预谋地计划羞辱他、逼他辞职。此事起于福特开始出现胸痛，他觉得自己不可能永远活着经营福特公司。他也心有定论，不愿死后把公司交到意大利移民之子的手中。所以他开始刻意设法打压亚科卡。唯一的麻烦是，公司正值前所未有的巅峰，所有经销商又都是亚科卡坚强的后盾。

亨利·福特先是取消了所有亚科卡发起的正在执行中的开发计划。此举对公司的伤害颇大，因为这当中大部分计划都是针对生产更省油的汽车，以应对油价上涨的问题，可是亨利·福特仍然一意孤行。

此外，亨利·福特监视公司员工，凡是与亚科卡关系太近者马上遭到解雇。接着他展开秘密行动，聘请私家侦探调查亚科卡担任总裁期间，是否有任何中饱私囊的行为。历经半年，用了200万美元却一无所获。

1975年年底，福特总部笼罩着恐怖的气氛。

8. 摊牌时刻

针对1976年、1977年公司内部的紧张气氛，有人问亚科卡，他当时为何不离去。他答道："我每年97万美元的收入，几乎不可能说走就走。我对这每年近一百万的收入实在难以割舍，所以不愿面对现实。同时我也以为董事会会认定亨利失去了理智，最后让我来独立经营公司。我也很贪心，我喜欢总裁的工作。我知道自己对公司多么有价值。我的想法很天真，我一心盼望，因为我们是上市公司，所以能力强的人会赢。”

最后，在 1978 年 7 月 13 日，亨利·福特召见亚科卡，并告知亚科卡将在 54 岁生日当天被解雇，即 1978 年 10 月 15 日。这个时机令人费解，因为福特公司才刚达到成立以来获利最高的两年。1977 年和 1978 年的总经营收入都超过了 18 亿美元。公司的财务状况好得不能再好，但亨利·福特就是无法忍受除了他自己以外，有人被视为与他的公司密不可分。

亚科卡明白，老实说，他无法改变这个决定，不过他仍对亨利撂下话，说福特公司永远不会再达到过去这两年的获利及营收高峰。

虽然很早便知道会有这么一天，但此事对亚科卡和他的家人仍旧是极大的打击，起初亚科卡也一度心灰意冷，觉得自己 32 年来全心投入奉献的公司背叛了他。最可悲的是，他之所以被解雇，只不过因为与亨利·福特个性不合，而非他能力不足。

许多同仁向他表示，大家在道义上支持他，可是不能公开表达忠诚，因为公司内部整肃亲亚科卡派的行动仍在进行。

9. 重现生机

亚科卡对福特解雇他一事愤愤不平，决定要快一点找到另一份工作，以免被愤恨吞噬。媒体对他与福特的个性冲突有种种臆测，更有些侮辱性的评论是冲着他的意大利出身而来的，不过最后大家的结论都是，他是因为威胁到亨利·福特在其企业王国的地位才被解雇的。

三　克莱斯勒的故事

国际纸业、洛克希德等公司都曾向亚科卡发出邀请信息，还有3所商学院想请他去当院长。这些意向都值得考虑，可是他一直在汽车业工作，今后仍想从事这一行。以54岁的年纪，他感觉退休太早，改行到全新的行业又太老。

1. 克莱斯勒招手

雷诺汽车公司想请亚科卡担任顾问，可是亚科卡想参与实际经营，不想只做顾问。1978年夏天，亚科卡曾着手推动一个名为“全球汽车公司”的构想，打算集合几家知名的汽车公司组成集团，以群体的力量来挑战通用汽车。他心目中的合作伙伴是大众、三菱和克莱斯勒，也可能再选其他公司加入。这个规划，已经到了请投资银行进行相关背景研究的阶段。

在推动这项计划的过程中，亚科卡首次与克莱斯勒公司的两位董事有了接触，他发现其他克莱斯勒的董事也在悄悄打听他的背景，了解他过去担任福特总裁期间的表现。最后克莱斯勒的董事长邀他会面，与他商谈到克莱斯勒工作的可能性。

经过两次面谈，当亚科卡获知更多克莱斯勒的财务状况后，他很诧异地发现，其最高经营管理层并不真正清楚公司的经营方针。

不过这是看似值得一搏的挑战，于是他与董事会商讨他的待遇和工作权限。另外，他要求拥有充分自由，可以任意采取他觉得必要的措施。经反复磋商，双方终于达成共识，亚科卡便在1979年年初进入克莱斯勒，同年9月任董事长兼首席执行官。亚科卡对拿高薪绝不手软，因为高薪代表高成就。后来他曾表示，如果早知挑战如此艰巨，他是绝对不会接下这份工作的。

克莱斯勒汽车公司由沃尔特·克莱斯勒创

办。克莱斯勒公司在引擎、传动系统和机械零件上均有创新。沃尔特·克莱斯勒原在通用汽车公司工作，1920年，因为董事长威廉·杜兰不肯放手让他依照自己的思想经营别克事业部，他就离开了通用汽车。3年后，他重出江湖，进入麦斯威尔和查美斯两家汽车公司，很快推出新车型并积极促销。1925年，他把这两家公司合并为克莱斯勒公司。1928年再并购道奇和普利茅斯公司，从此公司便一路发展壮大。沃尔特·克莱斯勒1940年过世时，他的公司已超越福特，仅次于通用，位居美国汽车行业第二，国内市场占有率为25％。

20世纪70年代末，克莱斯勒公司陷入困境，不过仍然维持设计和工程创新的传统。橡胶引擎底座、高压引擎、化油器、空气滤清器、电子启动装置、电压调节器、液压煞车、第一台装在引擎盖下的电脑，均是由克莱斯勒开发出来的，并优先应用在自家的产品上，然后才被汽车业广泛采用。

克莱斯勒公司过去的成绩有目共睹，但是眼前却面临严重的财务问题。雪上加霜的是，还面临着 1978 年的能源危机（汽油价格上涨一倍）以及 50 年来美国最严重的经济衰退。克莱斯勒公司的状况比亚科卡当初谈条件时还要糟很多。

2. 误上沉船

亚科卡发现克莱斯勒公司工作的方式实在不像一家正规的公司，总计有 35 位副总裁，彼此各据山头，完全独立运作。公司没有建立相关的委员会，组织图中看不到凝聚的机制，也缺乏让大家见面沟通的制度。亚科卡后来曾说，得知这种情形后，他深知自己已身陷泥淖。

最严重的是，他发现公司欠缺整体财务管控制度。好像公司连了解财务规划和预测是怎么回事的人都没有。公司高层管理人员不仅不知道财务情况，甚至连该问什么问题都搞不清楚。亚科卡拿不到正确的统计数据，无法着手去解决一些基本的问题。多年来，克莱斯勒公司一直由不喜欢汽车业的人主持公司业务工作。

此外，人事管理也是问题。公司总是把在某个领域表现良好的人，任意派往他们自己选择的部门。公司领导者相信，有才华的人做任何工作均可胜任。事实是，公司内多是些训练不足就匆忙上阵的人。3 年之间，亚科卡总共解雇了 33 位副总裁。

克莱斯勒一切的问题实际上可以归结到一点，即没有人领导团队并为员工指引正确的方向。

另一个主要问题出在销售流程上。每隔一个固定的时间，制造部门会告诉业务部门，他们打算生产多少辆车，包括哪些款式，然后由业务部门自行设法推销出去。这种完全本末倒置的做法，导致克莱斯勒已累积了近十万台卖不出去的汽车，这些车的价值约为 6 亿美元，却成为在露天摆放、任其腐坏的库存车。

亚科卡终于清掉了庞大的库存车，并推行新制，生产数量只能根据经销商的订单来安排。这个制度使公司的整个流程能相互密切呼应。

还有一个大问题是，克莱斯勒拥有全世界最大的汽车租赁公司。公司的租赁部把新车租给租赁公司，而不卖断，这些车出租半年后退回租赁部，租赁部再以亏损累累的价格将其出售。

在解决库存、租车和其他问题之前，亚科卡必须先抵销5亿美元克莱斯勒经营不善的亏损，才有可能谈赚不赚钱。

3. 建立优秀的团队

亚科卡意识到，他需要建立一个经验丰富的优秀团队，并与他密切合作共同整顿公司，否则这家公司会分崩离析。追根究底，所有的商业运作均可简化成3个名词：人才、产品、利润。除非有一流的人才，否则其他两项都免谈。

在福特公司的时候，亚科卡有一本记录详细的笔记本，追踪几百名福特高层主管的事业发展。此刻他把本子翻出来，寻觅第一流的人才。

杰罗·格林沃被亚科卡从福特公司挖来担任财务经理，他开始实施可以从财务角度评估绩效管理并预测公司决策导致财务后果的新制度，还建立了一套搜集财务资料供管理层决策参考的系统。两年后，亚科卡找来另一名福特公司的人接任财务经理，格林沃便成为克莱斯勒公司第二号人物。

亚科卡继续为他的管理团队增聘其他高层主管，以使克莱斯勒脱胎换骨。他主要聘用当年在福特公司时他所认识且信任、后来自福特退休的高层主管。他们个个经验丰富，也愿意把这些经验发挥出来。

亚科卡逐步建立起一个管理团队，大家有备而来，共同迎战艰巨的任务——使一家庞大的企业扭亏为盈。

4. 国王失踪的日子

亚科卡到克莱斯勒工作以后，坏消息一个接

着一个。1979 年 1 月 16 日，伊朗国王出走失踪，数周内汽油价格涨了一倍。克莱斯勒的市场占有率减至 8%。由于全国汽油短缺，曾经是克莱斯勒强项的休闲车市场，一夜之间几乎消失得无影无踪。

祸不单行的是，在着手策划 1983 年车款时，公司管理层假设油价会涨到原价的 4 倍，但是到 1983 年时，油价又跌回每升 17 美分。当时，谁也不知道该推多大排量的汽车到市场上。

不过克莱斯勒有一个长处，即他们适应现实调整的速度，比通用公司和福特公司快了许多。克莱斯勒公司唯一需要的是，在未来 5 年里加倍投资新厂房和新产品，而最大的问题就是汽车年销售率衰退了一半，他们现在必须拼命突破重围。

亚科卡和他的团队对公司进行了大刀阔斧的改革，但凡在公司核心运作中不重要的资产一律出售，卖得的现金投资于汽车生产。上千名各阶层的员工被解雇，有蓝领、也有白领。重整过后的克莱斯勒是一个由较少人管理，却更有效率、问题更少的大公司。

5. 非常措施：向政府求助

亚科卡已尽其所能地减少公司开支，可是因为经济不景气，公司依然赔钱。他发现唯一的出路就是设法弄到贷款。因为改造公司的其他途径都已用尽。

克莱斯勒首次找政府不是为了贷款，而是为了质疑严苛的《反托拉斯法》。该法不允许各汽车公司汇集资源，共同进行研发工作。克莱斯勒也要求政府冻结汽车法规两年，好让业者有时间去应对已改变的商业环境。他们最后一个提议是，企业为遵守政府的安全和防污染标准所花费的成本，应该免税。但当时所有这些建议均遭到拒绝。

几经周折后，在 1979 年 8 月，美国联邦储备理事会宣布，赞成政府支持克莱斯勒公司，认为此举符合公益，如果该公司能够提出起死回生的完整计划，他们愿意考虑提供贷款担保。虽不情愿，亚科卡和整个公司还是开始准备申请政府担保贷款。

当时，美国政府为了重振经济，已经向企业提供了4090亿美元的贷款及贷款担保，贷款对象包括洛克希德公司在内的多家大公司，可是当克莱斯勒提出10亿美元贷款申请时，人们却说这会留下恶例。大家似乎一致认为，美国第十大公司应该有能力自力更生。

6. 克莱斯勒值得救吗

政府可能给克莱斯勒提供贷款担保的事，几乎从一开始就遭到所有人反对。最大的反对声来自工商界，他们认为这会扭曲自由市场机制以及适者生存原则。

只是反对的声音忽略了这一点，克莱斯勒财务困难是由政府制定的法规造成的。因此，公司要求政府介入并协助减轻这些不良后果是有道理的。

辩论结果使大家认识到，自由企业制度的意义与竞争有关，政府提供贷款担保是在确保克莱斯勒对福特和通用构成良性竞争。这也是为了挽救仅是在美国就有的 60 万个工作机会。财政部估计，如果克莱斯勒倒闭，仅第一年国家就要为失业保险和福利支付约 27 亿美元。如果克莱斯勒被迫破产，预估政府须在失业、福利等方面共支出 160 亿美元左右。

众人的目光好像都只放在克莱斯勒上，就连通用公司和福特公司公布财报，分别亏损 3 亿和 4.39 亿美元的消息，都几乎没有人注意。大家的焦点还是克莱斯勒是否可以申请政府担保贷款。

许多人认为，克莱斯勒可以拿到 10 亿美元而且永远不必偿还。其实不然，政府只是为银行给克莱斯勒贷款做担保。克莱斯勒不但得自己还银行的钱，另外还必须付给政府提供担保的费用。

7. 走向国会

美国众议院举行克莱斯勒公司申请政府担保贷款听证会，亚科卡以克莱斯勒公司证人身份出席，他必须独自即席回答火药味十足的问题。许多过去的事，特别是亚科卡尚未进入克莱斯勒之前的种种问题，使亚科卡遭到严厉抨击。

众议院听证会结束后，参议院听证会上场，整个过程又重来一遍，只不过换了一批配角。此间，几乎全美的各家报纸都在进行激烈的公共辩论。

在这些困难之外，真正的难题是如何维持消费者的信心。消费者不会买将来可能缺零件，或转手时会大幅折价的汽车。克莱斯勒展开强力的广告宣传，说明公司的立场，并对众多被炒得沸沸扬扬、遭到扭曲的问题作出正面回应。在这些广告中，克莱斯勒坦率无隐瞒地说明各项事实，而且每一则说明都有亚科卡的签字。

另外，克莱斯勒积极进行幕后的游说活动，以争取参众两院的多数支持，其中包括克莱斯勒经销商集体面见国会议员，并向国会议员提供在各议员选区内克莱斯勒的员工名单。

在最后表决时刻，众议院以 271 对 136 票批准贷款担保；参议院也以 53 对 44 票批准。这个贷款担保案在 1979 年圣诞节前通过最终审核，并成立一个贷款保证委员会，有权在未来两年内核发最高 15 亿美元的贷款保证，相关贷款必须在 1990 年年底前还清，其交换条件是克莱斯勒必须将所有的资产当做抵押品。

两周后，共和党政府上台，他们明确表示将尊重前任政府的安排，可是不会再多加一毛钱。

8. 身先士卒

贷款担保案通过后，克莱斯勒有了一线生机。不过这只是战争的开始，不是最后一场战役。公司仍需要改头换面、重组再造，贷款也必须偿还。

亚科卡率先把自己的薪水减到年薪一美元，他不是要做烈士，他这么做是为了立下榜样。他也希望能够理直气壮地直视别人（如工会代表），告诉对方他们也有责任帮助公司渡过难关。

在克莱斯勒的3年，亚科卡对人性的感悟超过在福特公司的32年。他学到有难同当、众志成城的道理，而这也是企业最高实力的展现。

不久，整个美国似乎都在为克莱斯勒渡过难关、迈向成功加油打气。克莱斯勒被视为正在英勇奋斗的落难英雄，民众纷纷伸出同情之手，还有不少名人挺身支持。

亚科卡把薪水减为一美元后，又着手把所有高层主管的待遇削减一成，废除配股奖励制度。然后，亚科卡与工会开诚布公地谈判，告诉他们时薪17美元的工作机会数以千计，但是时薪20美元的一个都没有，由他们自己选择。由于亚科卡已经减了自己的薪水，工会答应了他的条件。不过，这时候克莱斯勒也制订了员工持股计划，抵销了减薪的部分冲击（该公司约17％的股份为员工所有）。亚科卡还邀请工会主席出任董事，使他得以更近距离地监看公司的经营情况。此举引起不小的骚动，因为那是工会人员首次被任命为美国大公司的董事（尽管这种做法在日本和欧洲一些国家十分普遍）。

9. 银行要求克莱斯勒宣告破产

克莱斯勒获得了资方、劳方、供应商和经销商一致的支持。唯有银行不肯做任何让步以协助该公司恢复获利能力。比起跟银行打交道，应付国会听证会简直不费吹灰之力。

银行的态度是，整个大环境根本不重要，唯一要紧的是他们的钱可以赚回多少利息。他们要求克莱斯勒宣告破产。

贷款担保案通过时，克莱斯勒欠款约47.5亿美元。在过去50年里，克莱斯勒从未在世界任何地方延期支付任何一笔应付的银行还款。克莱斯勒向来高度运用财务杠杆操作，这会放大商业循环——经济形势好的时候，一切顺当；一旦经济形势变差，情况会更糟。在获利丰厚的年代，银行抢着借钱给他们；现在，银行则忙着抽身。

与克莱斯勒有来往的全球四百多家银行，彼此关系紧张、分歧较大。所有的银行都认为，他们不应该承担因为必要宽限所带来的负担。经过数月的谈判，各家银行才制订出彼此都能接受的计划。最终得出的折中方案包括：6.6 亿美元的利息延付及减免，40 亿美元的贷款以 5.5%年息延付 4 年。

1980 年 6 月，克莱斯勒公司与多家银行签署协议，提领第一笔 5 亿美元担保贷款。经过长期努力，克莱斯勒公司终于得以继续运营。

10. K 型车与险渡难关

K 型车始终被视为克莱斯勒重振的一线光明。K 型车是美国制造、前轮驱动的省油车，也代表公司未来的希望。最重要的是，K 型车比一年半前推出的通用 X 型汽车要好。

总算在恰好的时刻，开发出合适的车型。这些车辆不仅外形好看，乘坐舒适，还省油。毕竟以克莱斯勒经历过的种种磨难，幸运之神早该眷顾他们了。

今天，K 型车几乎是克莱斯勒所有车型的基础。在一个设计良好的平台上，制造某一型汽车的各种变体是汽车业常用的技巧，克莱斯勒对此曾有些意见，但是每家汽车公司都这么做。

K 型车刚推出时，其实曾有一些麻烦。生产过程中意料之外的障碍就引发了各种问题，同时克莱斯勒在顾客更想要不花哨的基本车款时，提供了太多的选择。好在这些问题发现得早，并尽快予以纠正。

利率升高也使很多想买车的人延后购买。为克服这一点，公司实施浮动利息退款计划——利率高于 13％的部分将退还给顾客。没多久，通用公司及福特公司也推出了类似的计划。

1981 年，K 型车的销售量显著增加，取得了小型车市场 20％的占有率，但是克莱斯勒的财务状况仍然很糟，不得不再申请 4 亿美元的政府担保贷款。1981 年，克莱斯勒的财务问题严重到只能一周拖过一周。即便 K 型车卖得很好，公司这一年仍亏损 4.785 亿美元，而前一年亏损达 17 亿美元。

1981 年，克莱斯勒仍在为生死存亡奋斗。11 月 1 日，公司仅剩下最后 100 万美元。对一家每天开销达 5000 万美元的公司而言，这是一个难以渡过的难关。公司不得不再一次与供应商协商安排延后付款。

11. 竞选公职传言

1983 年，克莱斯勒中兴成功，亚科卡打算问鼎美国总统宝座的谣言却到处流传。这种谣言的部分起因是，亚科卡开始出现在推销克莱斯勒汽车的广告中，也有部分原因来自这些广告中的爱国词语。

许多文章想当然地评论亚科卡有竞选总统的野心。其实刚开始这只是部分记者间的玩笑话，不久就变成主要媒体上长篇大论、仔细解析的主题。

事实上，亚科卡从来不曾向往成为一个政治人物，无法想象他能忍受竞选活动，同时他也知道自己的脾气不适合从政。一直到 1983 年 12 月，他与克莱斯勒公司又签下 3 年工作合同，大部分有关他要争取总统候选提名的传言才平息下来。

12. 苦乐参半的胜利

经过整顿再造，克莱斯勒公司必须每年卖出 110 万辆汽车才能收支平衡，不是两年前的 230 万辆以上。1982 年，克莱斯勒再度出现盈余；1983 年则赚了 9.25 亿美元，这是克莱斯勒成立以来最好的成绩。

1983 年春天，公司股票重新上市，在一小时内便卖掉 2600 万股，总市值达 4.32 亿美元。

1983年，公司付清了所有的担保贷款，比预定清偿时间早了整整7年。那一天是1983年7月13日，刚好是亚科卡被亨利·福特决定解雇5周年的纪念日。此时，公司危机已过，可以再度开创辉煌。

1982年，亚科卡把克莱斯勒的男爵车改成一种敞篷车，并决定跳过例行的市场调查，直接推出上市。结果是一炮而红，第一年便售出2.3万台。通用公司和福特公司也马上推出类似车型。

亚科卡的下一项计划是休旅车，该车为前轮驱动，可坐7人，每升汽油可跑十几公里，并且停得进传统的车库。此车在1984年初上市，广受市场欢迎。

不过胜利并非没有代价。当年的裁员幅度非常大，使许多早年为克莱斯勒工作的人不得不离开公司。最不幸的是，亚科卡之妻玛丽于1983年5月15日过世。玛丽患有糖尿病，应该尽量避免承受压力，但以她丈夫的职位，这是很难办到的。

四　亚科卡的建议

1914年，当时的平均工资为一天2.5美元，亨利·福特却付给他的工人5美元。福特不是要对工资水准表达意见，而是想要建立中产阶级消费群，这些人可以买得起福特工厂所生产的汽车。

1. 美国的劳动力成本过高

社会的中坚力量来自时薪15美元的工人，他们会买房子、汽车、冰箱，他们是推动社会进步的燃料。大众媒体往往集中报道巨富与赤贫，但是维持社会稳定，使经济运行不辍的却是中产阶级。

在工人待遇方面，美国劳工运动有很大的收获，然而其代价呢？比方说，克莱斯勒每年为员工支付超过6亿美元的医疗福利，相当于每部汽车要分摊600美元。对较小型的车辆，仅员工的医疗福利就要占售价的7%。又如自动调整的生活费津贴及带薪假期等其他福利，已使美国劳动力跟日本和欧洲一些国家的劳动力比起来非常不具竞争力。

2. 日本的挑战

首先，日本工业不是孤军奋战，他们有日本政府借通产省的形式作为后盾。通产省的任务是判定哪些产业对日本的未来十分重要，然后协助他们从事研发工作。虽有若干失误，不过通产省对日本产业发挥的整体作用仍然令人称道。

日本政府选定的关键产业有汽车、钢铁、化学、造船和机械制造业。他们设定一套系统的目标和优先顺序，鼓励产业界和政府密切合作，实现国家目标。相关产业可以获得政府贷款、加速折旧、研发协助、抑制进口的保护以及禁止外商投资等多方面协助。管理阶层、股东、政府、银行、供应商及工人全都团结起来。结果如何？仅汽车业，他们从 20 世纪 50 年代中期的 10 万辆产能，增加到现在的 1100 万辆。

日本另一项优势是他们没有国防开支。他们每个公民平均每年花在防御上的费用约 80 美元，而美国是 800 美元。

3. 亚科卡的建议

克莱斯勒公司的经验表明，集中一个特定议题，结合许多团体的努力，便可以实现目标。亚科卡认为，美国应该采用同样的做法来降低国家赤字。

亚科卡提出的建议是，削减政府支出 150 亿美元，其方式包括国防预算降低 5％，社会福利计划也相对节约同样的比例。另一方面，对进口油价征收附加税，并在加油站加征每升 4 美分的汽油税，以增加 300 亿美元的税收。

美国的国家实力多来自对生产及消费商品的投资，曾几何时却变成沉迷于投资股票的国家。规模最大的企业纷纷把大笔大笔的资金，投入其他公司的股票，这些钱最后大多进了银行和其他金融机构。

亚科卡提出的建议包括以下6项基本要素。

◎减轻国内对外来能源的依赖。在港口和加油站对外国能源征税，以恢复节约的美德及重新激励对替代能源的投资。

◎对某些关键产业的市场占有率设下一定限制。

◎正视政府开支的现实状况并使预算平衡。

◎提供特别教育补助和贷款，鼓励学生学习高科技领域相关知识。

◎提供奖励措施以促进民间部门在研发方面的努力，加速关键产业的现代化并提升生产力。方法之一是减免研发投资税，以及与生产力相关的投资可以抵销一年的折旧。

◎制订长期计划，重建全国运输系统，以便为相关产业提供更具成本效益的基础建设。

关键思维

有人对我说，你的成就如此辉煌。你是怎么办到的？我珍视父母教给我的道理，努力发挥自己的长处，尽量求学受教育，受完教育之后，要有所作为！不要只是呆站在那里，做出点成绩来。要有成就不容易，可是只要下定决心，埋头苦干，你会惊讶地发现，在自由社会里，一个人不论有多伟大的理想都能实现。当然，也要对上天的厚爱表示感恩。

——李·亚科卡

皮克斯总动员

The Pixar Touch

The Making of a Company

原著作者简介

戴维·普赖斯（David Price），毕业于威廉玛丽学院、哈佛大学与剑桥大学，曾任《投资人商业日报》办事处记者，文章散见于《华尔街日报》《华盛顿邮报》与《福布斯》杂志等平面媒体，著有《爱恨情仇新大陆》。

本文编译：王约

主要内容

主题看板

故事为王

皮克斯公司在连续推出了几部荣获奥斯卡奖的短篇作品后，慢慢培养出了制作长篇作品的实力。1991 年，皮克斯找到全球最擅长制作、销售动画作品的好伙伴迪士尼公司，并与其签下合作条约，在 1995 年感恩节推出筹拍多年的长篇动画《玩具总动员》，该片大受欢迎。随后迪士尼与皮克斯重新议约，于 1997 年签下 5 部新片合约，并决定推出《玩具总动员》的续集与衍生作品，皮克斯有最佳的动画创意和技术，迪士尼则有全球最强的销售网络，这样的合作互惠互利。皮克斯的成功也对美国动画市场生产了较大影响，三维动画逐渐成为美国动画市场的主流，传统的手绘动画面临空前的挑战。

当时，动画制片厂纷纷创立并加入竞争，对

迪士尼造成了较大的冲击，再加上迪士尼本身策略失当，推出不如电影品质高的影音续集，砸坏了迪士尼动画的招牌。后来迪士尼不得不决定关闭几个传统动画制片厂，并决定自行推出用三维技术制作的动画片。随着双方条件的消长，优势越来越多地转移到皮克斯这一端，对于皮克斯要求的签约新条件，迪士尼始终无法答应，双方的关系一度陷入僵局。在迪士尼原首席执行官迈克尔·艾斯纳离职后，新上任的罗伯特·艾格积极修补与皮克斯的关系。最后两家公司以比过去更为紧密的方式结合在一起。

2006 年 1 月 25 日，迪士尼正式对外宣布，将以 74 亿美元的高价收购皮克斯，皮克斯股东会于 5 月 5 日通过此案，迪士尼收购皮克斯的程序正式完成。收购案的执行方式是迪士尼公司与乔布斯以换股的方式进行，迪士尼以 2.35∶1 的比例，换取乔布斯手中持有的皮克斯约 40％ 的股份，迪士尼公司因此成为皮克斯的最大股东，而乔布斯也换得7%的迪士尼公司股份，成为迪士尼最大的个人股东，且有资格进入迪士尼董事会。

皮克斯执行副总裁约翰·拉塞特曾说：“成功的动画电影有3个要素，即精彩的故事脚本、逼真的动画场景和打动人心的角色刻画。”皮克斯的成功在于对技术与艺术的执着，而且能不断挑战自我。他们始终坚持慢工出细活的原则，不只是表现在动画技术的突破，就连故事本身，也都经过长时间的构思和讨论，皮克斯始终坚持“故事为王”，为了保证故事精彩，往往花上两三年时间修订剧本，相比之下，在这个阶段之后的制作进度就快了许多。也正是因为有这样的仔细打磨，才造就了《玩具总动员》片中如此人性化又有说服力的角色。

剧情的张力来自事实。故事或画面，虽然都是虚拟的，但必须尽可能地创造出可信度，才能让人们融入剧情及角色，并产生共鸣。以《海底总动员》为例，主角是一对可爱的小丑鱼父子，影片通过这对父子的经历，展现了关于亲子关系的故事。在编写剧本前，在导演的带领下，故事部门约十五位成员大量搜集相关的背景资料，并且实地考察。剧组成员还练习潜水，大家在水底世界观察海中生物的一举一动以及光线与色彩的变化，感受海底世界的奥妙后，再构思剧本。编写剧本时，则是由故事团队的员工们用纸和铅笔的传统方式手绘出故事的每个场景与情节，将这个故事图钉在墙上，进行头脑风暴，再讨论如何取舍排列。从第一张故事图到最后定稿，一共历时两年，用掉 4 万多张故事图。整个过程看起来似乎简单，只是一群人在天马行空地构想、说故事，但这却是整个制片历程中最耗时的关键步骤。

一　萌芽

我们偶尔会看到历史上的某个时刻如有神助，人类集中展现才华的程度好像要颠覆所有的概率法则一般。例如，英国伊丽莎白时期的伦敦戏剧、公元前3世纪的雅典哲学、15世纪晚期至16世纪初期的佛罗伦萨绘画艺术等，而鲜为人知的，则是在20世纪60年代至70年代初期的美国盐湖城，或者更确切地说，是犹他大学电脑科学系的电脑绘图技术。

虽说当年大家并没有意识到，不过在学术界确实有个电脑科技领域的“梦幻队”。当时该校正在紧锣密鼓地筹办新的电脑科学系，并吸引了许多在电脑绘图这个全新领域里的顶尖人才。犹他大学不仅拥有最强的教授阵容，许多博士的论文也成为电脑绘图行业的发展基石。

有多位当时就读于犹他大学的学生，在日后创下了令人印象极为深刻的商业成就。例如，约翰·瓦诺克是奥多比绘图软件公司的共同创办人，吉姆·克拉克成立视算科技公司并且是网景公司的共同创办人，还有诺兰恩·布希奈尔创办了雅达利电玩游戏公司。在这群天才当中，有个名叫埃德·卡特穆尔的年轻研究生，则是皮克斯公司的推手之一。

卡特穆尔在进入犹他大学时，对自己的博士论文题目就已胸有成竹，他想用电脑制作卡通片和动画剧情长片。这个念头在当时简直是痴心妄想，因为电脑动画技术还在蹒跚学步。卡特穆尔自忖终有一天会有人让这个梦想成真，而他希望自己马上行动起来。

事实上，卡特穆尔从小就立志要当个动画家，他在孩提时代就受到迪士尼电影《小飞侠》和《小木偶》的启迪，模仿动画片的原理手绘图书。到了高中时期，他认为自己的绘画技巧不足以让他以动画家为业，因此当个人电脑问世之后，他认为电脑的发展或许正好可以让他圆动画梦。卡特穆尔深信最终一定会有人用电脑来做动画长片，而他要参与其中。

1974 年，卡特穆尔发表的博士论文就探讨了如何运用“双三次修正程式”做出三度空间曲线，还探讨了材质贴图和他命名为“Z 缓冲”的发明，该发明可以用来设定画面中各点最接近表面和观看者之间距离远近的位置关系。卡特穆尔拿着犹他大学电脑科学博士学位，不情愿地接受了一份软件工程师的工作，在波士顿一家名为“应用”的软件公司上班，该公司专门研发电脑辅助设计用的软件。虽然工作内容和电脑绘图完全无关，但是已经结婚又有了孩子的卡特穆尔（当时 29 岁）必须有一份工作来维持生计。

在波士顿工作了数月后，有一天卡特穆尔接到一个不同寻常的电话。来电者是创业家亚历山大·薛尔的秘书，他希望卡特穆尔到纽约会见薛尔先生。

早在 1955 年，薛尔就创办了私立纽约理工学院。卡特穆尔当时并不知道，薛尔已去过犹他大学，采购由该校开发、目前正在销售的所有与电脑绘图相关的软硬件。薛尔想要成立自己的电脑绘图部门，而犹他大学建议他聘请卡特穆尔来负责。卡特穆尔在了解整件事的来龙去脉之后就飞到纽约，薛尔要提供的正是他梦寐以求的工作，那就是筹建并主管一个专门研究电脑动画的实验室。卡特穆尔立刻接下了这个新职务，并在 1974 年 11 月搬到纽约全力投入到这项新工作当中。

实验室设在长岛北岸，由一间可停放 4 部车的车库改建而成。卡特穆尔片刻也没耽搁，能够从事电脑绘图领域的尖端工作十分具有吸引力，因此卡特穆尔很快就找到了志同道合的伙伴并组成团队，大家都热切盼望能尽快实现用电脑制作动画长片的梦想。

私立纽约理工学院电脑绘图实验室就是一个充满机会和自由的天地，只要是你认为重要且能够推动电脑动画发展的事都可以去做。卡特穆尔想要在实验室复制出一种大学般的学术氛围，有如犹他大学电脑科学系。卡特穆尔的主要工作就是授权他人并在必要时提供建议，同时他还担任实验室与学校间沟通的角色，专门应对薛尔从而使学校高层几乎完全不介入实验室工作。实验室员工个个热切投入工作，这种作风正适合这群才华横溢、自动自发的专业人员。

私立纽约理工学院最吸引人的地方是薛尔总是不断添购设备。当迪吉多公司推出迷你电脑时，薛尔耗资二十余万美元（20 世纪 70 年代中期的美元价格）买下刚从组装线做好的第一部电脑。有人不经意地提到实验室需要多一点视讯记忆体，结果薛尔就花了大约 30 万美元买 5 组。薛尔简直是不可多得的好金主，不过他还是有一些缺点，比如，大家几乎都搞不懂他每次都在说些什么，他总喜欢讲些令人摸不着头绪的话。薛尔在交谈时还常常从一个话题迅速跳到另一个话题，让人很难跟上他的思维。另外，薛尔梦想着当电影导演，他请来传统的动画师，用手绘方式制作了一部动画长片。这部长片简直令人无法忍受，这也让卡特穆尔和电脑动画实验室里的所有人意识到，只有钞票和科技天才是搞不出什么名堂的。想要制作出好电影，还要有懂得电影叙事中各个要素的人才行。卡特穆尔清晰地意识到自己现在待的地方拍不出好电影。

卡特穆尔和几个在电脑绘图实验室里的同事决定要共同创业。他们在暑假前往洛杉矶拜访各大电影制片厂，看看是否能找到有兴趣协助他们募资制作电脑动画长片的人，可是没有人有一点儿兴趣。因此，当乔治·卢卡斯派人和研究团队的成员接触时，大家都十分惊讶。当时卢卡斯正在思考是否能用电脑来更新制片技术，也正在寻找人才，为他筹办的新特效公司“光影魔幻工业”成立电脑实验室。

对卡特穆尔和私立纽约理工学院所有成员来说，这简直是为国王效劳的殊荣。跟卢卡斯影业高层主管秘密会晤几次之后，该公司表达了希望聘请卡特穆尔担任新成立的电脑部门主管的意向。他二话不说地接受了新职务，并开始思索如何把其他成员全都带过来，但是他不能马上这么做，因为卢卡斯一开始只为他安排了一个职位而已，必须等他进入工作状态，才能雇用更多的员工。

在离开之前，卡特穆尔和私立纽约理工学院少数亲近的同事用了不少时间苦思对策，设法避免引起团队骚动，并设法减轻薛尔对留任员工的负面反应。后来他们想出的计划，既不让薛尔对进行中的事起疑，也无从诉诸法律。他们商定，离开私立纽约理工学院转赴卢卡斯影业要逐步、间接地进行，有兴趣到卢卡斯影业的人会先另觅过渡期的工作，团队成员把这个方法称为“漂白”，然后卡特穆尔会在时机成熟时雇用他们。

该计划顺利进行，卡特穆尔离职并且在1979年7月到卢卡斯影业上班，之后共有6位私立纽约理工学院的团队成员纷纷在1年内另谋高就，薛尔对大家的出走伤心欲绝。从卡特穆尔的角度来看，他已经为私立纽约理工学院贡献了5年青春，也让实验室成为全世界的绘图研究重镇，他完全可以心安理得地离开并去追求自己的梦想，何况他现在找到的这个人是全球最出名的制片家。虽然，卢卡斯和光影魔幻工业公司的高层主管从没有说过真的要让电脑部门拍电影，但卡特穆尔认为他们彼此心照不宣。

二　卢卡斯时期

本来卡特穆尔以为，卢卡斯影业公司会让他和他的团队马上着手制作完全用电脑绘制的动画长片，事实却不然。卢卡斯的想法比较审慎，1979 年秋天，他要求电脑部门研究如何处理数字影像合成、音效的混音和影片的剪辑。卡特穆尔一开始对该怎么做毫无头绪，不过话说回来，其他人也一窍不通。更叫人啼笑皆非的是，卢卡斯影业的电脑部门居然连一台电脑也没有。

应聘的简历如雪花般涌来，因此人力显然不成问题，于是卡特穆尔开始排兵布阵。

奥维雷·史密斯，私立纽约理工学院前电脑美术设计师，负责研究数字影像合成技术。

戴维·迪法兰西斯柯，私立纽约理工学院前员工，着手研发数字影像扫描仪和打印机。

安迪·摩尔，斯坦福大学的高才生，负责数字音效的研发。

劳夫·古根汉，同样来自私立纽约理工学院，负责研究数字剪辑技术。

虽然卡特穆尔为卢卡斯影业光影魔幻公司的电脑部门找来了三维动画界的顶尖人才，卢卡斯却没有让这个团队拍动画片。事实上，光影魔幻工业公司不认为电脑绘图有任何前景可言，一直到该公司承包《星战大怒吼》（《星际迷航》的系列电影之一）特效时，才想到要将电脑绘图运用在电影拍摄上。1981 年 8 月，卡特穆尔制作了一部短片，光影魔幻工业公司的视觉特效主管看了影片后非常喜欢，并问卡特穆尔是否愿意协助制作《星战大怒吼》中的“创世纪制造器”，这个镜头要展现的是：把一个实验性模组投射到死亡的月球上，让月球起死回生。卡特穆尔及其团队承接了这项工作，为《星际迷航》系列电影摄制“创世纪制造器”的镜头。

卡特穆尔和他的团队将此视为向卢卡斯展现成果的良机，经过 7 个月的奋战，他们做出了一段 60 秒的“创世纪制造器”镜头，该片上映时，这个镜头着实震撼了观众。虽然“创世纪制造器”的镜头大为成功，却没有带来其他制片工作，因此卡特穆尔和史密斯决定自己拍短片，在电脑业的年度绘图大会——美国数字图像协会的年会上发布。

大约在同一时期，卡特穆尔应邀到一场电脑绘图会议演讲。在那里，他遇见了当时 26 岁的迪士尼前动画师约翰·拉塞特。拉塞特是个怪才，他是动画师，也是电脑绘图的狂热分子。因为和主管起争执，他遭到迪士尼解雇，而争执的起因是主管不满他未遵守相关制度，擅自拍摄动画片《电器小英雄》。1983 年 12 月，卡特穆尔邀请拉塞特到卢卡斯影业参观，看看他们目前的工作成果，1 个月后拉塞特就到该公司任职了。

由于卢卡斯并未准许卡特穆尔聘请动画师，

因此，拉塞特的职务就是“界面设计师”。拉塞特经常和公司同事一起切磋故事情节与技术问题，他让大家知道从动画师的角度如何让不同技术可以更顺利地运用，如何让现有的技术成为主流。

拉塞特不但具有扎实的塑造动画人物的功底，更是电脑动画时代的超人。那时，电脑绘图的最先进技术也只能绘制几何图形和具有简单表面的非生命体，而拉塞特热衷于让非生命体活灵活现，并赋予它们各自不同的人格特质。他在《小姐和灯》中，描述了商店内的灯具有了生命，急切地希望有人把它们买回家。在拉塞特的手中，电灯展现出惊讶、挫折、焦虑和好奇等情绪。

1984 年，在美国数字图像协会年会上，该团队推出了一部 2 分钟的动画短片《安德鲁和威利的冒险》。那年的年会于 7 月下旬在明尼阿波利斯举行，令电脑绘图部门振奋的消息是，卢卡斯决定飞抵会场观赏这部短片的首映。后来才有媒体披露，原来卢卡斯并不是为了去参加首映式，而是因为他当时的女友琳达·朗丝黛刚好在那里举办演唱会。参加年会是个不错的借口，当时卢卡斯和他太太的离婚官司正闹得沸沸扬扬。

观众都十分喜欢这部短片，但卢卡斯却非常讨厌它。他根据短片判断，要以电脑动画拍摄电影，还有一段漫长的路要走，而其他支持传统制片技术的人，也认同卢卡斯的观点。大家普遍认为，电脑动画永远做不到手绘动画所能体现的细腻之处。

这让卡特穆尔清醒地意识到，他费尽心力组成的电脑动画团队，很快就不得不另谋新生了。除了卢卡斯正陷于昂贵的离婚官司之外，卢卡斯影业的新任总裁也打算让这个企业的各个部门，开始朝自负盈亏的方向独立发展。最重要的是，卢卡斯和卡特穆尔对电脑动画未来发展的看法有天壤之别。

三　乔布斯和皮克斯

就在这个时候，卢卡斯影业找来卡特穆尔和史密斯，公司的高层主管要他们寻找买主并提出收购条件。高层主管建议最好把电脑绘图团队包装成电脑硬件公司出售，因为该团队研发的专用电脑好像有市场需求，这种电脑可以扫描影片、合成特效影像和实际影片画面，再重置到影片上。

卢卡斯影业的高层主管认为这种电脑是电脑绘图部门的至宝，因此他们建议去寻找愿意量产并将电脑销售给处理高解析度影像行业的买主。这种机器被称为“皮克斯影像电脑”，名称灵感来自“皮克斯”这个他们自己造的词，意思是“做出影像”。

卡特穆尔、史密斯和拉塞特对电脑硬件行业

一无所知，可是却认定这是维持现有团队的唯一出路。卢卡斯影业接触了 20 余家创投公司和投资银行，提出收购电脑绘图部门的价格是 1500 万美元，却找不到买主。西门子公司曾对皮克斯影像电脑较为有兴趣，希望用以扩充自家的电脑断层扫描技术，让医生能够看到高画质的三维影像，可是最后也不了了之。

在公司变动之中，数字美术设计师史密斯接触了他在施乐公司研究中心的老同事艾伦·凯伊，当时凯伊在苹果电脑工作。史密斯向凯伊求助，凯伊建议他去找史蒂夫·乔布斯，问乔布斯有没有兴趣买下这个电脑绘图部门。

1985 年 5 月 31 日，乔布斯和约翰·斯卡利在董事会争夺苹果电脑的主导权，乔布斯在这一回合落败，被解除执行副总裁兼总经理的职务。卡特穆尔、史密斯和凯伊一起去见乔布斯，探讨乔布斯并购电脑绘图部门的可能性，可是乔布斯正因为苹果主导权之争而苦闷，使得双方的第一次接触徒劳无功。

此时，出现了更有趣的事。卡特穆尔和史密斯每年都会拜访迪士尼公司，设法让对方有兴趣多使用电脑绘图。卢卡斯影业的设备可以让迪士尼省下大笔制作成本。卢卡斯想要出售电脑绘图部门的想法也在迪士尼引起热烈讨论，有几位高层主管提议用卢卡斯影业提出的 1500 万美元价格，把电脑绘图部门买下来。可是，这个想法却遭到迪士尼影城总裁杰弗瑞·凯森伯格的否决，他认为买下卢卡斯影业的电脑绘图部门根本就是在浪费金钱。

可能的买主还包括飞利浦和通用两家公司，飞利浦想将皮克斯影像电脑作为核磁共振造影扫描仪的配件，而通用汽车则想用皮克斯的硬件来绘制汽车设计图。这两家公司都与卢卡斯公司达成了初步协议，却又因为不同的理由宣告收购案流产。到了 1985 年年底，卢卡斯影业愈来愈迫切地想卖掉电脑绘图团队。

这一切都没有逃过乔布斯的眼睛，他致电卢卡斯影业的总裁，开出破盘低价 500 万美元。卢卡斯影业总裁接受了这个条件，于是在 1986 年 1 月 30 日，乔布斯买下了电脑绘图团队并以此团队成立了新公司，新公司的名称以他们研发的电脑命名，叫做“皮克斯”。卢卡斯影业将相关技术专利权也转给了这家新公司。1986 年 2 月 3 日，乔布斯核准皮克斯股权，卡特穆尔和史密斯以共同创办人的身份各分到 4％ 的股权，另一部分股权则给皮克斯 38 位员工，剩余的则归乔布斯所有。乔布斯最后带着一张 500 万美元的支票用来买下他的股权，还有一张 100 万美元的支票，作为他允诺投资皮克斯 500 万美元运营资金的头期款。

乔布斯被奉为“有远见的消费市场解读者”，他曾一再赢得这个称号，然而假如他也用同样敏锐的眼光来解读个人，应该能够注意到他刚引进的这批人暗藏了令人不安的因子。他应该能够观察到卡特穆尔和史密斯对电脑硬件本身并不感兴趣。对他们而言，电脑只不过是盒子，是完成工作的工具。如果用升阳等其他电脑更适合完成工作，那他们就会用这些电脑。双方的分歧还不只如此，在电脑绘图上，卡特穆尔和史密斯追寻的是能成就伟大艺术家的工具，该团队的绘图和动画软件就像是史特拉底瓦里名琴一样，只适合世界一流的交响乐团演奏，让业余乐手来用根本就是浪费。

电脑可能赋予平凡人强大力量的说法，其实没有对与错，甚至对他们来说都无关紧要。在卡特穆尔和史密斯看来，个人电脑只不过是娱乐器材，无须认真看待，因为他们都拥有功能更强大的电脑。

四　无情的商场现实

卡特穆尔和史密斯要为皮克斯的经营扛起责任，这可是他们职业生涯中的头一遭，他们必须努力想办法让皮克斯赚进足以继续生存的收入。一开始乔布斯几乎完全放手让他们去做，因为他当时正忙于新创的电脑公司而分身乏术。

在大约半年后，皮克斯开始向需要高画质影像的大学和企业销售影像电脑，但是这些电脑很难卖。首先，皮克斯影像电脑要价 12.5 万美元，却没有使用者界面，因此使用者还得购买昂贵的升阳工作站。该电脑也欠缺现成的软件，因此使用者必须自己写程序。尽管有这些明显的问题，不过乔布斯还是深信这款电脑会大受市场欢迎，并指示卡特穆尔和史密斯在全美各地设立皮克斯影像电脑的销售点。

此时，拉塞特在几位绘图专家协助之下，正忙着为美国数字图像协会制作另一部动画短片。他想出一个构想——用动画呈现他设计的角色“跳跳灯”。拉塞特构思出很简单的剧情，叙述“跳跳灯”和它的小孩“跳跳灯二世”在一起玩。他让两盏电灯栩栩如生，拍球嬉戏，这也是电脑动画有史以来头一次为物体设置情节，而不是只描绘实景。

观众非常喜爱这部影片，这也激发了新的见解，那就是非生命物体也能被赋予戏剧价值。换而言之，只要加上能打动人心的叙事，就有可能让观众忘记自己是在看电脑动画，深陷于故事情节之中。

皮克斯还跟迪士尼签了一份顾问合约，给迪士尼提供电脑动画制作系统，这套系统可以用来为动画的背景上色，即用皮克斯影像电脑扫描铅笔素描画出的人物，然后上色，再将其合成在扫描好的背景上，之后录制成影片。迪士尼购买了几十套皮克斯影像电脑来做这项工作，成为皮克斯最大的客户。

纵然有这些业绩，皮克斯还是亏损连连，财务报表惨不忍睹。1988 年，皮克斯推出一款成本较低的影像电脑，这款新电脑要价 2.95 万美元，而原型机的价格则降到了 4.9 万美元。在公司一位研究员的建议下，皮克斯也将名为“雷耶斯”的绘图程序软件转换成独立的产品，要价 3000 美元。

乔布斯多次找卡特穆尔和史密斯会商，提出皮克斯必须裁减人力，而拉塞特和动画部门显然是裁员的首要目标。卡特穆尔设法向乔布斯说明，动画对展现皮克斯硬件功能非常重要，可是这个理由在不久之后便显得十分无力。幸好拉塞特自己丝毫不受这些背后角力的影响，他正忙于为美国数字图像协会的 1988 年年会制作动画短片。这部名为《小锡兵》的影片描述一个小孩子玩玩具的过程。该片不仅在年会中大获成功，还神奇地赢得了该年的奥斯卡最佳动画短片奖，这是皮克斯的第一个奥斯卡奖。迪士尼对此反应强烈，并且想要再次聘请拉塞特，不过这没能让他回心转意。

虽然在艺术成就上获得各方赞赏，但是对老板乔布斯来说，亟待解决的问题还是皮克斯要如何靠动画赚钱。他们长远的梦想是要制作动画长片，可是这个目标却遥不可及。

为了在这段时间应付各项开支，乔布斯决定让皮克斯开始接单拍摄电视动画广告。为了完成这项目标，皮克斯和大型电视广告制作公司“巨像影片”签约。皮克斯发挥电脑动画方面的专业优势，而巨像公司的业务团队则将皮克斯介绍给广告界。

新策略大获成功，皮克斯动画部门在 1990 年创下 130 万美元的营业额，在 90 年代中期，每年都多赚进 200 多万美元。这是公司生存的一大助力，因为皮克斯的电脑硬件业绩几乎停滞。

皮克斯影像电脑在销售给早期使用者之后，业绩就处于停顿状态，最后在 1990 年 4 月 30 日，皮克斯宣布将硬件事业部卖给微康公司，该公司对这个项目也无力回天。

那时，乔布斯买下皮克斯已有 5 年之久，而该公司每年都在亏损。因此，乔布斯和皮克斯高层经理人之间的嫌隙也逐渐扩大。这些经理人每个月都必须好好想想，哪些人的薪水一定得给，而哪些人可以晚一点再付。

1991 年年初，乔布斯决定到此为止，他宣布要收回给员工的股票，让自己拥有皮克斯 100% 的股权。1991 年 3 月，他解雇了皮克斯 72 名员工中的 30 人，只保留那些负责广告片、迪士尼项目和开发软件的员工。

在硅谷圈内，大家讨论的话题并不是乔布斯解雇皮克斯员工的事，而是他竟然让皮克斯继续运营下去。从做生意的角度来看，这样做好像没什么道理。尽管他对公司设计的软件大肆宣扬，但他这么做很可能一半是为了面子，一半是为了生意。在经历过苹果的起起落落之后，他的压力在于，如果不能创造另一次成功，就会让同行认为，他的第一次成功不过是偶然而已。

正值皮克斯命运黯淡之际，传来一个令人振奋的消息。迪士尼卡通动画电影公司总裁彼得·许奈德表示迪士尼有兴趣跟皮克斯合力制作剧情片。卡特穆尔毫不迟疑地打电话给许奈德。看样子，拉塞特的短片和广告片获得了迪士尼的肯定，而且电脑动画制作系统的成就也让皮克斯成为迪士尼心目中制作电脑动画电影的不二伙伴。后来才知道，这项计划的构想并不是来自许奈德，而是来自凯森伯格，因为凯森伯格希望这部电影完全交由迪士尼以外的厂商主导。凯森伯格主张和皮克斯保持距离，由迪士尼和皮克斯共同商讨剧本和预算，而由皮克斯负责做出影片。这样安排有一部分原因在于，迪士尼有工会，而皮克斯没有。凯森伯格不确定公司与工会的协议是否准许公司制作工会没有参与的影片。若迪士尼和这项拍片计划保持距离，就不会受到协议的约束。

经过长达几个月的反复谈判，依旧未能清楚地看出迪士尼是否会继续推动这个项目，直到1991年3月3日，迪士尼和皮克斯才签署了一份长达13页的合约，但这个合约条款凸显了迪士尼的强势。

◎皮克斯同意，除非新片能够创下等同于迪士尼《小美人鱼》的票房纪录，否则皮克斯只能分得极低的报酬，其实可以说是微不足道的报酬。

◎迪士尼保留在任何时间放弃制作该片的权利，同时只需付给皮克斯35万美元的解约金。

◎合约包含制作3部影片，但是第二部和第三部片子完全由迪士尼全权决策。

◎迪士尼拥有所有创意决策的最后主导权，

而且随时都可以自行决定是否引进编剧。

◎迪士尼拥有影片100％的所有权，并且可以全权决定是否要制作续集，或直接发行录像带等。

五　和迪士尼关系的大突破

虽然卡特穆尔和拉塞特非常高兴有机会跟迪士尼合作制作剧情长片，毕竟这是他们从一开始就梦寐以求的事情，可是合约条款实在很难让人有信心，而且显然迪士尼随时都可以撤手退出。因此皮克斯持续制作广告片作为备案，仿佛这纸电影合约从来没有出现过一样。

1993 年 1 月 19 日，凯森伯格批准了新片（已命名为《玩具总动员》）的剧本，新片团队聘请汤姆·汉克斯为剧中角色“胡迪”配音，并且想请比利·克里斯托为“巴斯光年”这个角色贡献他声音表演的才华，但被克里斯托回绝，最终由蒂姆·艾伦为“巴斯光年”配音。万事俱备之后，皮克斯开始制作动态脚本，也就是脚本草图，用非动画的素描来展示情节发展。动态脚本在 1993 年 11 月 19 日交到凯森伯格手上，而他立刻下令暂停制作，重写剧本。1994 年 4 月，凯森伯格又批准皮克斯再次动工。皮克斯马上行动，由原先的 24 人，迅速扩编为 110 人的规模，包括 27 位动画师、22 位技术指导，还有 61 位艺术人员和工程师。这当中有许多人是因为有机会参与有史以来首部完全由电脑制作的动画长片而被吸引过来的。

皮克斯为了制作动画片成立了创意生产线，电影中的每一个画格都得经过好几个团队分工合作才能完成。艺术部门负责配色和基本的打光设定。构图部门负责将角色置入画面之中、定出虚拟摄影机的镜位，然后设计出镜位移动。动画部门负责让特定角色摆好起始和结束的动作，然后用软件来制作中间各个画格的所有动作。着色部门负责为所有看得到的物体表面添加颜色。打光团队负责设定每个画面的气氛，同时凸显各个角色的情绪与个性。成像部门负责画面绘制，在这部 77 分钟长的电影中有 11 万个画格，每个画格都需要电脑耗费 45 分钟到 20 个小时来绘制。成像工作是由 117 台升阳电脑以 24 小时运算来完成的。剧情团队负责不断修正剧情并做细微调整，即便是在制作过程中也一样。

完成的动画有如水滴般一滴一滴艰难地流出来，大约每星期做出 3 分钟长的片段。由于完成的镜头都是零碎片段，又没有配乐和音效等元素，因此所有成员在制作过程中，根本无从得知电影的品质到底如何。

在制片工作如火如荼之际，乔布斯也在幕后奔忙。当时，他已经投入 5000 万美元，而他还得面对这个难题：成本可能还要超支好几百万。迪士尼将预算从 1750 万美元上调到 2110 万美元，但是到了 1994 年，预估成本将会再超过整个预算 600 万美元之多。迪士尼要求乔布斯向银行贷款 300 万美元，用以支付透支金额中皮克斯所该负担的部分。

乔布斯不想再看到皮克斯赤字节节攀升，于是在《玩具总动员》制作期间，数度想将公司转手或出让部分股权，目标对象有贺轩卡片、微软公司共同创办人保罗·艾伦，还有甲骨文共同创办人兼首席执行官拉里·埃里森。后来，乔布斯又想把皮克斯卖给另一个财力雄厚的潜在买主——微软公司。

当时微软曾派出公司一位资深副总裁纳桑·米弗德去拜会卡特穆尔，以便进一步了解皮克斯。微软主要是想得到电脑绘图专家，而不是要拍电影。然而谈判又停顿下来，因为乔布斯改变心意，决定不卖皮克斯了。后来微软花了 650 万美元取得皮克斯拥有的数项专利使用权，但两家公司的合作也就仅限于此。

尽管乔布斯在《玩具总动员》预定上映的前一年，还在想办法将公司脱手，可是后来他又想出一个非常大胆的点子——决定在电影上映后尽快让皮克斯上市。

一个又一个财务顾问劝他放弃这个念头，在当时，让一家从未获利的公司上市，对于谨慎的投资人来说可真是闻所未闻，但乔布斯不为所动。他认为既然有迪士尼作后盾，那大家就等着看吧。他推测迪士尼一定会把《玩具总动员》捧红，而他要筹措一笔可动用的资金。他判断，只要能够成功做好股票首次公开发行，皮克斯就可以摆脱只是迪士尼承包商的现状，不必再向迪士尼开口要钱、接他们给的案子，而且可以摇身一变成为平起平坐的伙伴，一起出资拍摄续集。

皮克斯公司如果要发行股票，必须进行多方改革。乔布斯聘请了颇有声望的财务总监劳伦斯·李维，并将卡特穆尔由总裁调任为资深副总裁兼技术总监，乔布斯自己担任董事长兼首席执行官，而拉塞特则是创意研发副总裁，其他皮克斯高层主管亦各居要职。

公开发行股票让皮克斯的股权分配规划展现在阳光下，公司必须准备好上市申请等附有财务数据的文件交给证券交易委员会，还要为潜在投资人准备好公开说明书。由于上述文件均须经过审核和整理，有少数人拥有低价认购大量股票选择权的消息也就这样走漏了风声。卡特穆尔、李维和拉塞特各拥有 160 万股的选择权，古根汉和李夫分别可以认购 100 万股和 84 万股。假如公司的股票能以预计的每股 14 美元挂牌，这些人就能一夜之间变成千万富豪。认股权引起了很大的风波。除了金钱之外，这还带有某种象征意义：认股权似乎抹煞了大家多年来对公司的付出。因此，认股权伤害了皮克斯一些员工的工作情感。

关键思维

电脑动画片数量的增加，也标志着艺术表现中民主运动和创业家精神的陨落。数字制片的技术发展，大大地打开了制作真人版电影的大门，科技让电脑动画的主题更容易展现。电脑动画依然是一种需要才华和全心投入的艺术创作形式，这不是人人都做得到的事情。然而，当电脑动画的创作工具取得技术上的突破，就带来了新的可能性。皮克斯早年需要一个又一个有钱金主的关注，从薛尔、卢卡斯到乔布斯，而21世纪初期的电脑动画家就不必那么依赖金主。动画工作室所需的软硬件，过去只有大型片厂和特效公司才负担得起，如今只要用一部性能良好的二手车的价格就买得起。皮克斯成为迪士尼的至宝，也展开了它的新生，看来它早晚要想尽办法跟新的对手抢档期，或者它也必须面对某个看来就像30年前的皮克斯那样的对手。

——戴维·普赖斯

六　筚路蓝缕，以启山林

纵使上演了这些风风雨雨，《玩具总动员》的拍片工作仍持续进行。观看了试映的观众建议，在开场和结尾处要更紧凑些。总体上说，观众的感觉还算不错，但是算不上最好。

同时，迪士尼威力十足的销售机器开始蓄势待发，先是在发行量700万个的《灰姑娘》录像带里放入《玩具总动员》的预告片，然后在迪士尼卡通频道播放特别节目，畅谈《玩具总动员》的制作过程。迪士尼乐园也在“迪士尼米高梅影城”的固定活动中，加进了每天一次的《玩具总动员》游行。美国所有主要的玩具公司都拒绝购买《玩具总动员》角色的肖像权，只有加拿大多伦多一家小公司愿意赌一把，制作“胡迪”和“巴斯光年”玩偶。迪士尼总计砸下了1.45亿美元的宣传费，其中 2000 万美元来自迪士尼，其余的则是汉堡王、雀巢和其他消费品公司的投资，甚至连互为死对头的百事可乐和可口可乐，也都搭上了这班列车。

1995 年 11 月 19 日，星期天，迪士尼举办了只限受邀者参加的《玩具总动员》首映会。该片在 11 月 22 日于 2400 家影院公开上映时，影评称赞这部电影“精彩风趣”、“角色迷人”，有些影评还盛赞《玩具总动员》是“年度最富创意的喜剧”。

皮克斯，硅谷丑小鸭，在 1 年前还差点被卖给愿意付乔布斯 5000 万美元来贴补亏损的人，现在却不可同日而语。《玩具总动员》一上映就轻松赢得一致好评，据估计从上映日到那个周末，票房就有约 1000 万美元，隔周的周末假期又进账 2800 万元，创下有史以来感恩节档期电影首映的最卖座纪录。《玩具总动员》上映才 12 天就赚进了 6470 万美元。

乔布斯早打好了如意算盘，要将 11 月 29 日，也就是《玩具总动员》上映后 1 周作为皮克斯首次公开发行股票的日期。这个安排真是明智之举，因为美国证券交易委员会规定，在首次公开发行股票前的“缄默期”，企业不得发表过多言论，甚至不能为上市做宣传。但此时已有媒体对《玩具总动员》铺天盖地的报道，皮克斯根本无须为自己美言。当皮克斯股票挂牌当天以 22 美元的价格上市时，市场一片抢进，几乎无人愿意割爱。挂牌当天的股价一度涨到 49.5 美元，以每股 39 美元收盘。扣除投资银行的手续费，皮克斯首次公开发行股票为公司募得了 1.397 亿美元，刷新了网景公司在数月前才创下的纪录。更令人瞩目的是，乔布斯手上握有皮克斯 80％的股权，市值超过 11 亿美元。

《玩具总动员》一举夺下 1995 年的年度最卖座电影宝座，全美票房 1.92 亿美元，全球票房 3.57 亿美元，同时也是首部获得奥斯卡最佳原著剧本奖提名的动画片。拉塞特个人赢得了1996年的奥斯卡特殊成就奖，表彰他“以非凡的领导力带领《玩具总动员》团队，完成史上首部电脑动画剧情长片”。除了亮眼的票房收入和如潮好评之外，皮克斯和迪士尼都从《玩具总动员》得到了丰硕的成果。皮克斯学到了迪士尼制作长片的专业见解，而迪士尼也从皮克斯那里获取了宝贵经验，《玩具总动员》让迪士尼看到了电脑动画的崭新契机。虽然在当时，要论断迪士尼的事业版图可能将会经历巨大改变还言之过早，迪士尼还是掌握着动画长片的主宰权，而且也将持续如此。仿佛迪士尼将会继续主宰电脑动画，一如它过去主宰胶片动画一样，而皮克斯还会是忠心耿耿的承包商。双方有如恒星与行星般的合作模式看似不变，可是电脑动画的媒介，加上《玩具总动员》的空前成功，即将颠倒双方固有的关系。

早在《玩具总动员》上映前1年，皮克斯的

编剧部门就已经同时着手制作公司的第二部电影《虫虫危机》，公司当时已经有 160 名员工，因此皮克斯希望迪士尼能够在《玩具总动员》杀青后，即刻核准开拍这部片子。1995 年 7 月 7 日，迪士尼认可了《虫虫危机》的故事大纲，并且正式通知皮克斯，迪士尼要行使当初在 1991 年协议中的选择权条款，开拍第二部电影。当《玩具总动员》上映时，《虫虫危机》的故事虽然还不完整，但相关进展相当顺利。

从技术层面来看，《虫虫危机》所需要的动画技术远高于《玩具总动员》。第二部电影的主角是有着各式各样形状、角度和表面质感的昆虫，远比《玩具总动员》中较多直线轮廓的角色难以展现，而且画面中每个镜头出现的角色也多出许多。皮克斯还为此推出新的软件，让昆虫表面质感更加栩栩如生。这样做的结果是，电脑在绘制每个画格时的进度更缓慢，使得动画师的工作更辛苦。

从商业的角度来看，乔布斯得以重新调整迪士尼和皮克斯之间的关系。既然皮克斯拥有现金可以共同出资拍片，因此乔布斯希望皮克斯的获利可以从15%提高到和迪士尼各占50%。乔布斯还要求让皮克斯的名号更响亮，好让消费者注意到皮克斯的电影和迪士尼不同。

为了换取更优厚的条件，乔布斯提议要延长与迪士尼的合作协议，从原先的3部片增加为5部片，迪士尼首席执行官艾斯纳同意该提议，双方在1997年2月24日签订了一份长达42页的合约，明确了合作关系的新条款和条件。这份合约后来又扩充为7部电影，且续集不算在内。

大约在同一时间，凯森伯格因为跟迪士尼首席执行官艾斯纳意见不合，离开了迪士尼动画公司，并宣布与史蒂芬·斯皮尔伯格和戴维·格芬携手合作，成立新的电影公司——梦工厂。梦工厂信誓旦旦地要和迪士尼在动画片领域一较高下，随后又宣布要取得“PDI动画公司”40%的股份，该公司是与皮克斯竞争迪士尼合约的劲敌。梦工厂宣布，它的动画处女作将会是另一部以蚂蚁为主题的电影《小蚁雄兵》，预计要和皮克斯的《虫虫危机》同一档期上映。凯森伯格知道迪士尼原则上同意开拍这部皮克斯的电影，而皮克斯则是凯森伯格与艾斯纳个人恩怨之间的“炮灰”。

与此同时还有另外一个重大的转折点，就是乔布斯出乎意料地重返苹果电脑公司。乔布斯被聘为苹果首席执行官吉尔的兼职顾问，到了1997年7月，乔布斯已经赢得苹果董事会的信任。吉尔被炒鱿鱼，乔布斯则在1997年9月16日接任苹果电脑代理首席执行官。

最后，两部电影就交给票房来决定胜负。《小蚁雄兵》在1998年10月2日由梦工厂发行，缔造了美国国内9000万美元、全球1.52亿美元的票房收入。皮克斯的《虫虫危机》在1998年11月25日上映，票房成绩大获全胜，美国国内票房收入1.63亿美元、全球票房收入高达3.58亿美元。

七　迪士尼的收购

至此，皮克斯已掌握了成功公式，于是开始忙着制作一部又一部经典的动画电影。

《玩具总动员 2》在 1999 年上映，缔造了美国国内 2.45 亿美元、全球 4.86 亿美元的票房纪录，刷新了《玩具总动员》和《虫虫危机》的佳绩。

《怪兽电力公司》在 2001 年上映，超越了《玩具总动员 2》的票房纪录。

《海底总动员》在 2003 年上映，超级卖座。

《超人特攻队》在 2004 年上映。

《汽车总动员》在 2006 年上映。

《料理鼠王》，皮克斯的第八部剧情长片，在 2007 年上映。

动画绘图工具日新月异，使得上述每一部电

影的技术都超越了前一部。此外，皮克斯前所未见的耀眼成就，也展现了该公司在制片产业中人力资源方面的成功经验。为了制作出经典的电影，皮克斯会在必要时引进新的人才，并设法让所有必要元素能够完美无瑕地结合在一起。

到了 20 世纪 90 年代末期，迪士尼看出动画片的未来显然必须运用三维绘图的趋势。该公司撤掉了大部分的传统二维动画部门，并在旗下成立最尖端的电脑动画与特效工作室。新工作室的第一个项目就是 2000 年上映的《恐龙一族》，可是票房惨淡。第二部片子名叫《动物奇观》，它甚至连上映的机会都没有，在迪士尼花了数百万美元拟定剧情阶段就夭折了。眼看迪士尼自行制作电脑动画电影的前景堪忧，艾斯纳开始放出风声，希望延续 1997 年与皮克斯签订的合约。不过到了这个时候，发言权就落到皮克斯的手上了。乔布斯对于艾斯纳之前的多项决策颇为反感，所以他告诉迪士尼的董事罗依·迪士尼，只要艾斯纳在任一天，在 1997 年的合约履行完毕之后，皮克斯将不再为迪士尼制作动画片。

根据皮克斯与迪士尼的原始合约，迪士尼有权制作皮克斯卖座片的续集，无须让皮克斯参与其中。迪士尼可能在皮克斯完全没有参与的情况下，自行制作《玩具总动员 3》、《怪兽电力公司 2》，甚至是《海底总动员》第二集、第三集，这使得皮克斯管理层十分担心，而艾斯纳也威胁要这么做，因为他充分了解乔布斯和皮克斯公司上上下下对于维护他们原创的角色有多么在意。

乔布斯宣布，皮克斯将提出与迪士尼合作的全新条件。皮克斯未来新片的所有权不再由双方共有，获利也不再是彼此均分，而是由皮克斯支付 7.5% 的获利给迪士尼作为发行费用，而且独家发行权只有 5 年。迪士尼当然不会接受这样的条件，而乔布斯则利用这点向艾斯纳宣战。同时，乔布斯还持续和迪士尼的其他董事协商相关事宜。

最后，罗依·迪士尼和史坦利·高德两位董事展开名为“拯救迪士尼”的行动，要换掉艾斯纳，乔布斯的努力至此开花结果。为了对艾斯纳施压，乔布斯公开宣布皮克斯要终止与迪士尼的谈判，并且开始跟其他有兴趣的厂商洽谈，协商未来新片的发行权。

虽然暗地里还有其他的风风雨雨，但是皮克斯和迪士尼拆伙的威胁以及“拯救迪士尼”行动就已经足以改变形势。2004 年 9 月，艾斯纳宣布，他将在 2006 年任期届满后退休。数月之后，迪士尼董事再对他施压，要他提前一年退休，并宣布迪士尼的运营经理鲍伯·伊格将在 2005 年 10 月 1 日正式接任迪士尼首席执行官。

迪士尼收购皮克斯的想法多年来一再被提出来，只不过每次一浮现就会被压下去。凯森伯格早在 20 世纪 80 年代中期就曾提出过并被否决，那时皮克斯还是卢卡斯影业旗下的电脑动画部门。1997 年年初，就在《玩具总动员》和《虫虫危机》两片上映之间，凯森伯格的继任者乔·罗斯曾试图说服艾斯纳收购皮克斯。罗斯还力促艾斯纳让乔布斯（当时尚未返回苹果电脑公司）出任迪士尼总裁兼运营经理，直接隶属于艾斯纳，而艾斯纳却断然回绝。2003 年 10 月，一篇对皮克斯股价的负面报道，几乎宣判了收购案的死刑，因为 50 亿美元以上的收购价，会使迪士尼的资产负债表更难看，并稀释掉迪士尼的盈余。

不过，当即将接任首席执行官的伊格在 2005 年 9 月出席香港迪士尼乐园的开幕仪式时，收购皮克斯的想法又出现了一线生机。在他看着游行队伍鱼贯行进时，他赫然发现，其中担任主角的没有一个是来自迪士尼在过去 10 年间的动画片，游行队伍中所有大受欢迎的新角色都是皮克斯创作的。

一项市场调查的结果更凸显了伊格的忧虑，

该项调查显示，家有 12 岁以下儿童的母亲，对于皮克斯的品牌认同高于迪士尼，这就是因为乔布斯坚持，皮克斯的品牌名称必须明显标示在所有皮克斯制作的电影上。

在 2005 年 10 月 2 日迪士尼的董事会上，伊格与乔布斯展开初步协商的提议获得董事会支持，迪士尼开始讨论收购皮克斯的可能性。在接下来的两个月中，两家公司的高层主管密切接触，讨论收购行动如果继续推动，该如何处理细节问题。其中最重要的一点就是，要如何保留皮克斯的创意文化，而且要等其他细节一一厘清之后，最后才思考并购案的财务条款。

2006 年 1 月 24 日，迪士尼公司公布以 2.875 亿股的迪士尼股票收购皮克斯，市价大约是 74 亿美元。理论上，收购必须经过股东同意，但是因为乔布斯个人拥有皮克斯 49.8% 的股份，他说了就算。迪士尼和皮克斯动画办公地点依旧分别留在原地，卡特穆尔将出任合并后新公司的总裁，拉塞特则在合并后出任创意经理，并担任“迪士尼幻想工程”的创意总监，该部门由沃特·迪士尼在 1952 年创立，负责迪士尼乐园的设计与工程规划，目前则负责该公司主题乐园等遍布全球的产业。创意总监这个角色显然是为了让拉塞特一偿夙愿，他过去一直要将新发行的电影和主题乐园结合。

宣布收购后的隔日，卡特穆尔和拉塞特一起会晤了一个超过 500 名员工的迪士尼团队，他们受到热烈欢迎，大概是因为大部分员工相信，收购案意味着迪士尼持续而残酷的裁员将告一段落。这一刻对拉塞特而言却五味杂陈，因为 22 年前开除他的公司不仅欢迎他回娘家，还把他捧为救星。

显然这不只是因为财务前景看好，正如同古根汉在 20 世纪 90 年代初期为了《玩具总动员》找人才时就留意到的，创意人才非常重视参与伟大电影的机会。就动画长片而言，所谓伟大电影指的是名声响亮的、受业界尊重的、亲朋好友喜爱的、世代相传的电影，以及有朝一日被奉为里程碑的电影。看来，拉塞特应该能够担起重任，使迪士尼的动画片再度耀眼。

当收购案于 2005 年 5 月 5 日确定时，收购实价是 63 亿美元，由于皮克斯手上有 1 亿美元现金，因此大大抵消了收购价格。从皮克斯的盈余来看，收购价其实相当高，总价将近迪士尼整体市值的 10%，而且包括迪士尼的度假村、电视网和授权等都计算在内。其实迪士尼已经拥有皮克斯现有电影的版权与角色的肖像权，这表明他们只不过是购得了卡特穆尔、拉塞特等创意人才的服务，而事实上只有拉塞特和迪士尼签约，因为卡特穆尔从来不签任何工作合约。卡特穆尔的工作理念是，如果任何人做得不愉快并且不想留下来，那就不应该勉强。这次并购，不论从任何传统财务指标来看，几乎都可以说是乔布斯从伊格和迪士尼股东身上狠狠宰了一笔。

虽然如此，皮克斯对迪士尼的真正价值却不只是在财务数据上，甚至不只是在双方未来可能产生的综合效益上。

皮克斯在电脑动画上的成功，其他片厂也都看在眼里。皮克斯现在要跟梦工厂动画、蓝天工作室、新力影业，还有未来要成立的更多制片公司竞争。不过，这只是更加证明了卡特穆尔、史密斯以及拉塞特等皮克斯的有识之士眼光独到，早在 20 多年前就预见，三维电脑动画片有朝一日将成为家庭娱乐的主流。

关键思维

动画为迪士尼创造了不可思议的价值，动画电影所能创造的价值无穷，而且不只延续一代，而是能世世代代绵延下去。2005 年迪士尼重新发行《灰姑娘》的数字光盘，这部电影是 1950 年出品的，是部片龄 55 岁的电影，而这部影片的数字光盘在全球卖了超过 1000 万张。我觉得，我们拥有制作动画的才华，可是我们也需要绝佳的领导。我不认为自己可以提供动画方面所需的领导力，而我深信皮克斯的人才可以。何况，他们还具备无比的才华。因此，虽然并购的价格实在……你也知道……不过我认为对迪士尼公司的股东来说，这样做从长远来看是对的。

——鲍伯·伊格

事后来看，皮克斯的成功看似理所当然。但是，它的成功绝非命中注定，而是艺术、科技与奋力经营三者互相结合的结果，也是艺术、科技与商业互相支撑的成功范例。

——戴维·普赖斯